U0150423

"十三五" 国家重点图书　　总顾问：李　坚　刘泽祥　胡景初

2019 年度国家出版基金资助项目　　总策划：纪　亮　总主编：周京南

中国古典家具技艺全书

（第一批）

大成若缺 IV

第十卷

（总三十卷）

主　编：朱和立　方崇荣　贾　刚

副主编：梅剑平　董　君　卢海华

中国林业出版社

·北京·

图书在版编目（CIP）数据

大成若缺 . Ⅳ / 周京南总主编 . —— 北京 ： 中国林业出版社，2020.5
（中国古典家具技艺全书 . 第一批）

ISBN 978-7-5219-0609-7

Ⅰ . ①大… Ⅱ . ①周… Ⅲ . ①家具－介绍－中国－古代 Ⅳ . ① TS666.202

中国版本图书馆 CIP 数据核字 (2020) 第 093866 号

责任编辑：樊　菲

- -

出　版：中国林业出版社（100009 北京西城区德内大街刘海胡同 7 号）
印　刷：北京雅昌艺术印刷有限公司
发　行：中国林业出版社
电　话：010-8314 3518
版　次：2020 年 10 月　第 1 版
印　次：2020 年 10 月　第 1 次
开　本：889mm×1194mm，1/16
印　张：17.5
字　数：200 千字
图　片：约 760 幅
定　价：360.00 元

序 言

李 坚 中国工程院院士

讲到中国的古家具，可谓博大精深，灿若繁星。

从神秘庄严的商周青铜家具，到浪漫拙朴的秦汉大漆家具；从壮硕华美的大唐壸门结构，到精炼简雅的宋代框架结构；从秀丽俊逸的明式风格，到奢华繁复的清式风格，这一漫长而恢宏的演变过程，每一次改良，每一场突破，无不渗透着中国人的文化思想和审美观念，无不凝聚着中国人的汗水与智慧。

家具本是静物，却在中国人的手中活了起来。

木材，是中国古家具的主要材料。通过中国匠人的手，塑出家具的骨骼和形韵，更是其商品价值的重要载体。红木的珍稀世人多少知晓，紫檀、黄花梨、大红酸枝的尊贵和正统更是为人称道，若是再辅以金、骨、玉、瓷、珐琅、螺钿、宝石等珍贵的材料，其华美与金贵无须言表。

纹饰，是中国古家具的主要装饰。纹必有意，意必吉祥，这是中国传统工艺美术的一大特色。纹饰之于家具，不但起到点缀空间、构图美观的作用，还具有强化主题、烘托喜庆的功能。龙凤麒麟、喜鹊仙鹤、八仙八宝、梅兰竹菊，都寓意着美好和幸福，这些也是刻在中国人骨子里的信念和情结。

造型，是中国古家具的外化表现和功能诉求。流传下来的古家具实物在博物馆里，在藏家手中，在拍卖行里，向世人静静地展现着属于它那个时代的丰姿。即使是从未接触过古家具的人，大概也分得出桌椅几案，柜架床榻，这得益于中国家具的流传有序和中国人制器为用的传统。关于造型的研究更是理论深厚，体系众多，不一而足。

唯有技艺，是成就中国古家具的关键所在，当前并没有被系统地挖掘和梳理，尚处于失传和误传的边缘，显得格外落寞。技艺是连接匠人和器物的桥梁，刀削斧凿，木活生花，是熟练的手法，是自信的底气，也是"手随心驰，心从手思，心手相应"的炉火纯青之境界。但囿于中国传统各行各业间"以师带徒，口传心授"的传承方式的局限，家具匠人们的技艺并没有被完整的记录下来，没有翔实的资料，也无标准可依托，这使得中国古典家具技艺在当今社会环境中很难被传播和继承。

此时，由中国林业出版社策划、编辑和出版的《中国古典家具技艺全书》可以说是应运而生，责无旁贷。全套书共三十卷，分三批出版，并运用了当前最先进的技术手段，最生动的展现方式，对宋、明、清和现代中式的家具进行了一次系统的、全面的、大体量的收集和整理，通过对家具结构的拆解，家具部件的展示，家具工艺的挖掘，家具制作的考证，为世人揭开了古典家具技艺之美的面纱。图文资料的汇编、尺寸数据的测量、CAD和效果图的绘制以及对相关古籍的研究，以五年的时间铸就此套著作，匠人匠心，在家具和出版两个领域，都光芒四射。全书无疑是一次对古代家具文化的抢救性出版，是对古典家具行业"以师带徒，口传心授"的有益补充和锐意创新，为古典家具技艺的传承、弘扬和发展注入强劲鲜活的动力。

　　党的十八大以来，国家越发重视技艺，重视匠人，并鼓励"推动中华优秀传统文化创造性转化、创新性发展"，大力弘扬"精益求精的工匠精神"。《中国古典家具技艺全书》正是习近平总书记所强调的"坚定文化自信、把握时代脉搏、聆听时代声音，坚持与时代同步伐、以人民为中心、以精品奉献人民、用明德引领风尚"的具体体现和生动诠释。希望《中国古典家具技艺全书》能在全体作者、编辑和其他工作人员的严格把关下，成为家具文化的精品，成为世代流传的经典，不负重托，不辱使命。

2020 年 5 月

前　言

纪　亮　全书总策划

　　中国的古家具，有着悠久的历史。传说上古之时，神农氏发明了床，有虞氏时出现了俎。商周时代，出现了曲几、屏风、衣架。汉魏以前，家具形体一般较矮，属于低型家具。自南北朝开始，出现了垂足坐，于是凳、靠背椅等高足家具随之产生。隋唐五代时期，垂足坐的休憩方式逐渐普及，高低型家具并存。宋代以后，高型家具及垂足坐才完全代替了席地坐的生活方式。高型家具经过宋、元两朝的普及发展，到明代中期，已取得了很高的艺术成就，使家具艺术进入成熟阶段，形成了被誉为具有高度艺术成就的"明式家具"。清代家具，承明余绪，在造型特征上，骨架粗壮结实，方直造型多于明式曲线造型，题材生动且富于变化，装饰性强，整体大方而局部装饰细致入微。到了近现代，特别是近20年来，随着我国经济的发展，文化的繁荣，古典家具也随之迅猛发展。在家具风格上，现代古典家具在传承明清家具的基础上，又有了一定的发展，并形成了独具中国特色的现代中式家具，亦有学者称之为中式风格家具。

　　中国的古典家具，通过唐宋的积淀，明清的飞跃，现代的传承，成为"东方艺术的一颗明珠"。中国古典家具是我国传统造物文化的重要组成和载体，也深深影响着世界近现代的家具设计，国内外研究并出版的古典家具历史文化类、图录资料类的著作较多，而从古典家具技艺的角度出发，挖掘整理的著作少之又少。技艺——是古典家具的精髓，是原汁原味地保护发展我国古典家具的核心所在。为了更好地传承和弘扬我国古典家具文化，全面系统地介绍我国古典家具的制作技艺，提高国家文化软实力，提升民族自信，实现古典家具创造性转化、创新性发展，中国林业出版社聚集行业之力组建"中国古典家具技艺全书"编写工作组。技艺全书以制作技艺为线索，详细介绍了古典家具中的结构、造型、制作、解析、鉴赏等内容，全书共三十卷，分为榫卯构造、匠心营造、大成若缺、解析经典、美在久成这五个系列，并通过数字化手段搭建"中国古典家具技艺网"和"家具技艺APP"等。全书力求通过准确的测量、绘制、挖掘、梳理，向读者展示中国古典家具的结构美、造型美、雕刻美、装饰美、材质美。

　　《大成若缺》为全书的第三个系列，共分四卷。榫卯技艺和识图要领是制作古典家具的入门。大成若缺这部分内容按照坐具、承具、庋具、卧具、杂具等类别进行研究、测量、绘制、整理，最终形成了200余款源自宋、明、清和现代这几个时期的古典家具图录，内容分为器形点评、CAD图示、用材效果、结构解析、部件详解等详细的技艺内核。这些丰富而翔实的图录将为我们研究和制作古典家具提供重要的参考。本套书中不乏有宋代、明代的经典器形，亦有清代、现代的繁琐臃肿且部分悖谬器形，故以大成若缺命名。为了将古典家具器形结构全面而准确地呈现给读者，编写人员多次走访各地实地考察、实地测绘，大家不辞辛苦，力求全面。然而，中国古典家具文化源远流长、家具技艺博大精深，要想系统、全面地挖掘，科学、完善地测量，精准、细致地绘制，是很难的。加之编写人员较多、编写经验不足等因素导致测绘不精确、绘制有误差等现象时有出现，具体体现在尺寸标注不一致、不精准，器形绘制不流畅、不细腻，技艺挖掘不系统、不全面等问题，望广大读者批评和指正，我们将在未来的修订再版中予以更正。

　　最后，感谢国家新闻出版署将本项目列为"十三五"国家重点图书出版规划，感谢国家出版基金规划管理办公室对本项目的支持，感谢为全书的编撰而付出努力的每位匠人、专家、学者和绘图人员。

纪亮

2020 年 5 月

目 录

大成若缺 I（第七卷）

大成若缺 II（第八卷）

大成若缺 III（第九卷）

大成若缺 IV（第十卷）

目 录

五、中国古典家具营造之杂具

附录：图版索引

中国古典家具营造之卧具

四

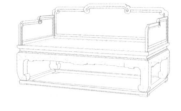

四、中国古典家具营造之卧具

（一）卧具概述

卧具类包括榻类、床类等。

1．榻类

现在人们常把床榻混为一体，其实很多榻是没有靠背围子和扶手围子的。榻为卧具，大多数榻的特点是榻面较窄，除个别宽者外，匠师们或称之曰"独睡"，言其只宜供一人睡卧。明代文震亨在《长物志》中有"独眠床"之称，可见此名亦有来历。明式榻的实物多四足着地，带托泥者极少。台座式平列壶门的榻，在明清画中虽能看到，实物则有待发现。榻的使用不及床那样位置固定，也不一定放在卧室，书斋亭榭也往往安设，除夜间睡卧外，更多用来随时休憩。以无束腰和有束腰两种为常式。

1）无束腰榻类

无束腰的榻，有的用直枨加矮老，有的用罗锅枨加矮老，有的不用矮老而代以卡子花。枨子有的用格肩榫与腿子相交，有的为裹腿做。一般都是圆材直足，方材或方材打洼的都少见。其形式与某些无束腰的长凳、炕桌相通，和无束腰的罗汉床床身更多相似之处。

如，无束腰直足榻：此榻榻面方正平直，攒框打槽装藤屉心板，榻面与腿足为四面平结构，在榻面下方前后各安四腿，共八个上丰下窄、足端镂如意云头的榻腿，足端下踩托泥，托泥下安龟足。此榻整体造型简洁方正，没有过多雕饰，纯以线脚取胜。

图 宋式无束腰凉榻

图 清式有束腰外翻马蹄足榻

2）有束腰榻类

有束腰的榻，最基本的形式是方材，素直牙板，足端造出内翻马蹄足。同类的榻如有变化，多出现在腿足、牙子和束腰的造法上。腿足有的造成鼓腿彭牙式，马蹄足向内兜转；有的造成三弯腿式，马蹄足向外翻卷。同为内兜或外翻马蹄足，其形或扁或高，或加圆珠，或施雕饰，式样不一。有的腿子还挖缺做，残留着壶门牙板的痕迹。牙子有的平直，有的造出壶门式曲线；有的光素，有的加浮雕或透雕，乃至浮雕透雕结合。束腰亦可采用高束腰，装入托腮及露明的腿子上节的槽口内；也可以加短柱，束腰分段做，形成绦环板，并可在上面施雕饰或锼挖鱼门洞。

远自汉、唐，就有案形结体的榻，明代的有吊头春凳，实际上就是从它们演变而来的。体积大于春凳的明式案形结体的榻，实例尚待访求。如从明以前的实物、明器或前代画本来探索其形象，可知其造法仍不外乎夹头榫和插肩榫两种式样。可以折叠的榻，只能算是变体。文震亨《长物志》虽讲到永嘉、粤东有折叠床，但毕竟是少数。

2．床类

1）架子床

架子床是指床身架置四柱或六柱的床，其最基本的式样是三面设矮围子，四角立柱，上承床顶，顶下周匝往往有挂檐，或称横楣子。南方匠师因它有柱子四根，故曰"四柱床"。

稍微复杂的一种，在床沿加"门柱两根"，门柱与角柱间还加两块方形的"门围子"。北京匠师称之为"门围子架子床"，南方匠师因它有柱子六根，故曰"六柱床"。《鲁班经匠家镜》虽无专门条款讲到此床，但绘有图式。

大
成

图 清式楠木架子床

更繁复一些的架子床，在正面床沿安"月洞式"门罩，北京匠师称"月亮门"式架子床。还有四面围子与挂檐上下连成一体，除床门外，形成一个方形的完整花罩，或称"满罩式"架子床。

架子床不论大小繁简，主要为睡眠安歇之用，多放在内室。为了室内光

图 明式鸡翅木架子床

图 清式月洞门罩式梅兰菊竹架子床

线不被遮挡，多将床安放在室内后部，位置比较固定，不轻易搬动。

2）拔步床

拔步床，又叫八步床，是汉族传统家具中体形最大的一种床。拔步床在《鲁班经匠家镜》中被分别列为"大床"和"凉床"两类，其实是拔步床的繁简两种形式。拔步床为明清时期流行的一种大型床。其独特之处是在架子床

图 清式红木满罩式架子床

大
成

图 清式红木拔步床

外增加了一间"小木屋"，从外形看似把架子床放在一个封闭式的木质平台上，平台长出床的前沿二三尺，四角立柱，镶以木质围栏。有的还在两边安上窗户，使床前形成一个回廊，虽小但人可进入，人跨步入回廊犹如跨入室内，回廊中间置一脚踏，两侧可以安放桌、凳类小型家具，用以放置杂物。这种床形

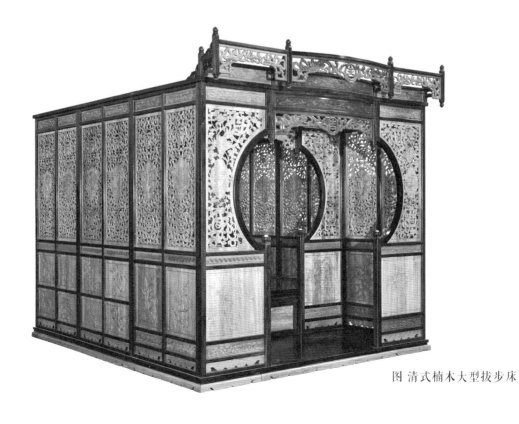

图 清式楠木大型拔步床

体很大,床前有相对独立的活动范围,虽在室内使用,但宛如一间独立的小房子。拔步床多在南方使用,因南方温暖而多蚊蝇,床架的作用是为了挂蚊帐。北方则不同,因天气寒冷,人一般多睡暖炕。

3)罗汉床

罗汉床名称俚俗,至今尚无令人信服的解释,推测与明人所称弥勒榻有关。弥勒榻是大型坐具,短不能卧;而罗汉床也是坐的功能大于卧的功能。古人隋唐以前的生活习俗是席地坐,虽宋以后演变为垂足坐,但盘腿打坐的习惯一直保留着。弥勒榻、罗汉床都是为适应国人旧俗而保留的家具品种。

罗汉床是专指左右及后面装有围栏的一种床。围栏多用小木块做榫,拼接成各式几何纹样。最素雅者用三块整板做成,后背稍高,两头做出阶梯形曲边,拐角处做出软弯圆角,既典雅又朴素。这类床形制有大有小,通常把较大的叫"罗汉床",较小的叫"榻",又称"弥勒榻"。

大罗汉床不仅可以作为卧具,也可以作为坐具。一般正中放一炕几,两边铺设坐垫、隐枕,放在厅堂待客,作用相当于现代的沙发。而罗汉床当中所置炕几,作用相当于现代两个沙发当中的茶几。这种炕几在罗汉床上使用,既可依凭,又可陈放器物。可以说,罗汉床是一种坐卧两用的家具,既可以放在厅堂待客,又可以放在寝室供休憩之用。因此,在我国南方、北方广泛使用,是一种十分讲究的家具。

罗汉床床身有各种不同造法,其变化不仅与榻相同,还与炕桌近似,故不重复。这里主要谈床围子的变化。当然,在列举不同围子的实例时,自然也会看到床身造法的变化。床围子最常见的是"三屏风式",即后、左、右各一片;其次是"五屏风式",即后三片,左、右各一片;再次是"七屏风式",即后三片,左、右各两片,此式样在明式罗汉床中甚少见,似乎到清中期以后才流行。围子的造法,又分为独板围子、攒边装板围子、攒接围子、斗簇围子、嵌石板围子等。

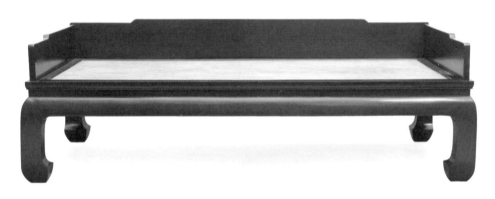

图 明式白酸枝三屏式罗汉床

图 清式花梨木嵌理石七屏式罗汉床

　　独板围子用三块厚约一寸的木板造成，以整板无拼缝者为上，如板面天然纹理华美，尤为可贵。厚板两端，多粘拍窄条立材，为的是掩盖断面色暗而呆滞的木纹，并有助防止开裂。

　　有的三块独板围子，上面加雕饰。比较简单的曾见迎面一块浮雕由双螭组成的团寿字纹三处。也有三块都浮雕草龙的。更为华丽繁复的还有用螺钿在围子上镶嵌，乃至用多种玉石、牙角等材料进行百宝嵌。这样的实例当然极少，而且年久大都残缺脱落。攒边装板围子是用边抹造成四框，打槽装板。在一般情况下，目的在使用较小较薄的木料，取得仿佛是厚板的效果。装板上也可以施加雕刻。

　　攒接透空围子是用短材组成各式各样的几何形图案，把栏杆和窗棂的装

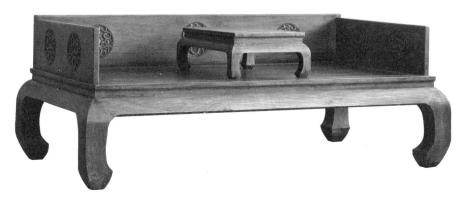

图 明式黄花梨螭龙纹独板围子罗汉床

图 明式黄花梨四簇云纹罗汉床　　　　　图 清式紫檀嵌螺钿透格围子罗汉床

饰手法运用到围子上来，变化繁多。

　　斗簇透空围子主要用镂锼的小块花片构成图案。花片有的一片自成一组花纹，有的两片或几片构成一组花纹，各组互相斗合，或中加短材连接。它也是取法栏杆和窗棂，然后运用到家具上，但镂制得更加精巧细致，而且或疏朗，或紧凑，或整齐，或流动，可以取得多种装饰趣味和效果。

　　五屏风罗汉床围子的各种造法与三屏风类似，只是未见有用厚板者。原因是后背如用三块厚板拼成，连接它们有困难，常用的走马销，用在厚板上是不适宜的。因而即使后背外形造成中间高、两旁低的五屏风式，仍多用一块厚板制成。

　　4）贵妃榻

　　贵妃榻又名美人靠，是清代女性专属家具，它有着优美玲珑的曲线，榻的靠背和扶手浑然一体，可以用靠垫坐着，也可把脚放上斜躺。贵妃榻在清后期的海派家具中时常能看到。贵妃榻的制作往往采用雕刻、镶嵌、斗簇等多种技艺结合而成，制作精良，雍容华贵。

图 清式红木嵌螺钿贵妃榻

大成

图 清式花梨木如意蝠纹贵妃榻

（二）古典家具营造之卧具

本节选取中国古典家具中的宋式、明式、清式、现代中式等卧具类代表性款式，并从器形点评、CAD图示、用材效果、结构解析、部件详解、雕刻图版等角度进行深度梳理、研究和解读，以形成珍贵而翔实的图文资料。

主要解读和研究的器形如下：

（1）宋式家具：宋式藤屉凉榻、宋式带托泥条榻等；（2）明式家具：明式五屏风式罗汉床、明式曲尺围子罗汉床等；（3）清式家具：清式三屏风式夔纹罗汉床、清式双夔拱璧纹罗汉床等；（4）现代中式家具：现代中式金玉满堂大床、现代中式紫光大床等。图示资料详见P12～142。

卧具图版

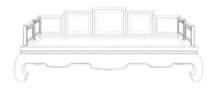

大成

宋式藤屉凉榻

材质：黄花梨

年款：宋代

外观效果图（图示 1）

1. 器形点评

　　此凉榻的原型出自宋画《槐荫消夏图》。榻面方正平直，攒框打槽装藤屉，榻面与腿足为四面平结构，在榻面下方前后各安四腿，共八腿。腿上丰下窄，足端镂如意云头，足端下踩托泥，托泥下安龟足。此榻整体造型简洁方正，无过多雕饰，纯以线脚取胜。

2. CAD 图示

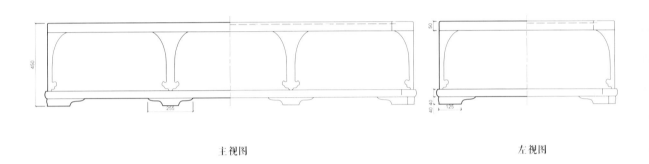

主视图   左视图

宋

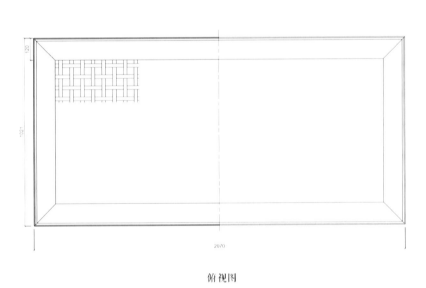

俯视图

3. 用材效果

大成

外观效果图（材质：黄花梨；图示 5）

外观效果图（材质：紫檀；图示 6）

外观效果图（材质：酸枝；图示 7）

注：①黄花梨，指海南黄花梨；②紫檀，指小叶紫檀；③酸枝，指红酸枝。下同。

4. 结构解析

整体结构图（图示 8）

宋

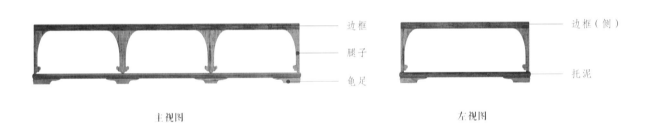

主视图

左视图

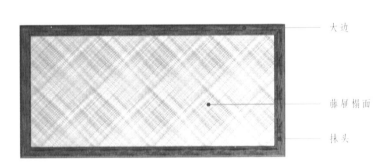

俯视图

视结构图（图示 9～11）

大成

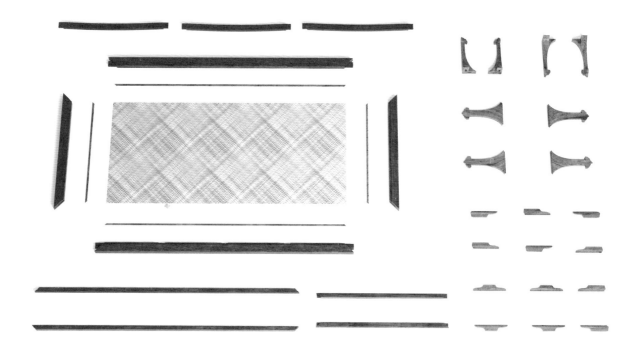

5. 部件详解

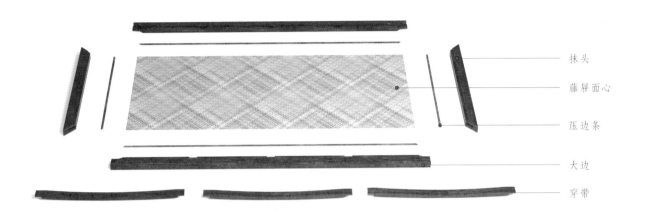

抹头

藤屉面心

压边条

大边

穿带

榻面分解图（图示 13）

宋

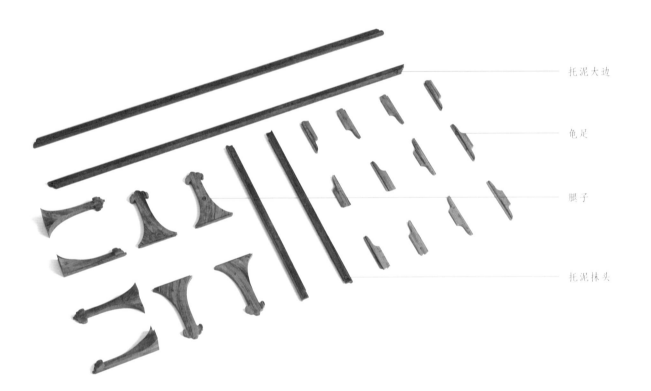

托泥大边

龟足

腿子

托泥抹头

腿足和托泥分解图（图示 14）

大成

宋式带托泥条榻

材质：黄花梨

手款：宋代

外观效果图（图示1）

1. 器形点评

此榻的原型出自宋画《妆靓仕女图》。榻面为长方形，攒框打槽装板。紧贴榻面有托角牙相承，四条腿足端做成勾云状，向左右两侧翻转，上接榻面，下接托泥。此榻造型简练、不事雕琢，线条回转柔婉，美观大方。

2. CAD 图示

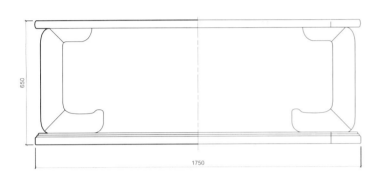

主视图

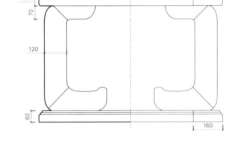

左视图

宋

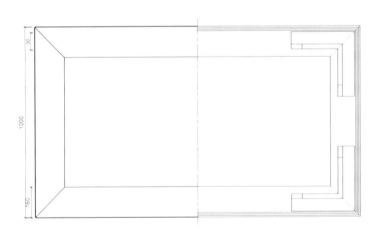

俯视图

CAD 结构图（图示 2 ~ 4）

3. 用材效果

外观效果图（材质：黄花梨；图示 5）

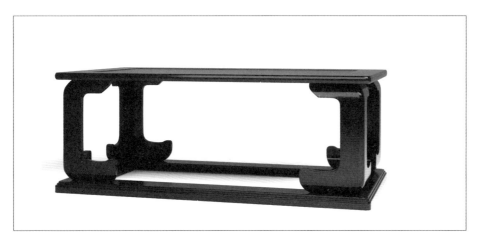

外观效果图（材质：紫檀；图示 6）

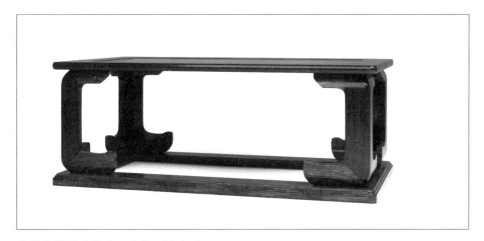

外观效果图（材质：酸枝；图示 7）

4. 结构解析

整体结构图（图示 8）

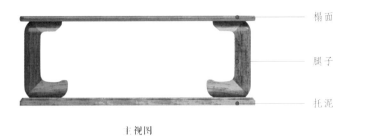

主视图

左视图

俯视图

三视结构图（图示 9 ~ 11）

大成

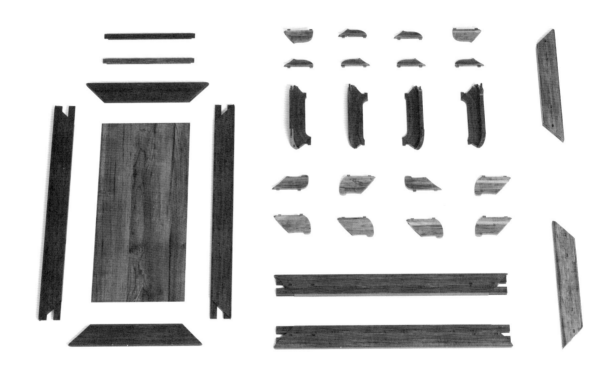

部件结构图（图示 12）

5. 部件详解

抹头

面心

大边

穿带

榻面分解图（图示 13）

宋

角牙

托泥大边

腿子

足端

托泥抹头

腿足和其他分解图（图示 14）

大成

宋式藤屉围榻

材质：黄花梨

丰款：宋代

外观效果图（图示1）

1. 器形点评

　　此围榻的原型出自宋画《十八学士图》。此榻为典型的罗汉床形制，为三屏风式，靠背及两侧扶手围子攒框打槽装大理石板，榻面面框打槽装藤屉，牙板为素牙板，四腿方形，足部样式为内翻马蹄足。整体造型美观大方，简洁明快。

2. CAD 图示

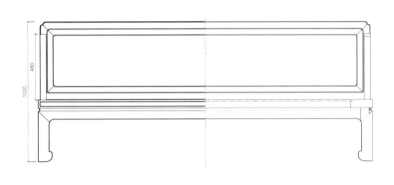

主视图

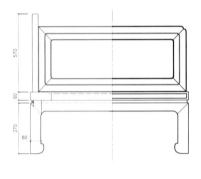

左视图

宋

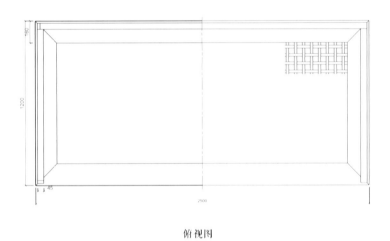

俯视图

CAD 结构图（图示 2 ~ 4）

3. 用材效果

大成

外观效果图（材质：黄花梨；图示5）

外观效果图（材质：紫檀；图示6）

外观效果图（材质：酸枝；图示7）

4. 结构解析

扶手围子

靠背围子

榻面

腿子

马蹄足

整体结构图（图示 8）

宋

主视图

左视图

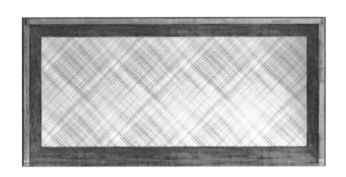

俯视图

三视结构图（图示 9 ~ 11）

大成

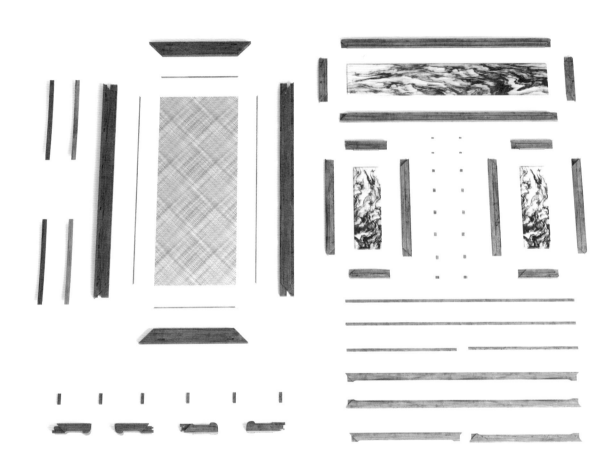

部件结构图（图示 12）

5. 部件详解

宋

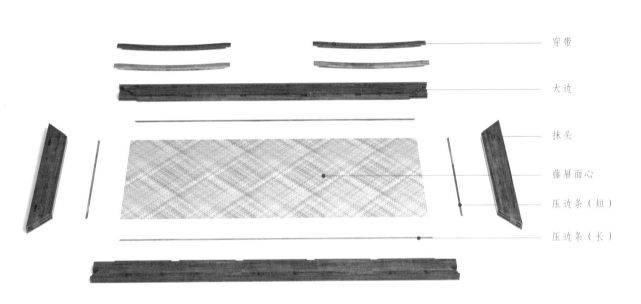

穿带

大边

抹头

藤屉面心

压边条（短）

压边条（长）

榻面分解图（图示13）

大成

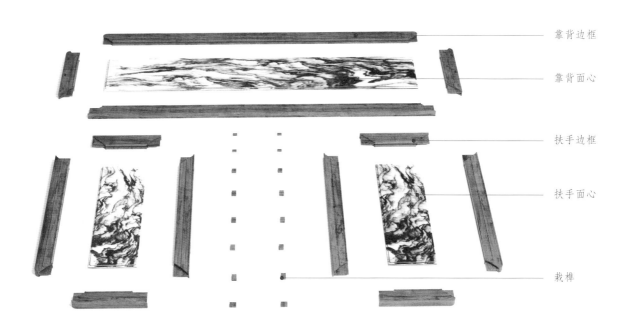

靠背边框

靠背面心

扶手边框

扶手面心

栽榫

靠背围子和扶手围子分解图（图示 14）

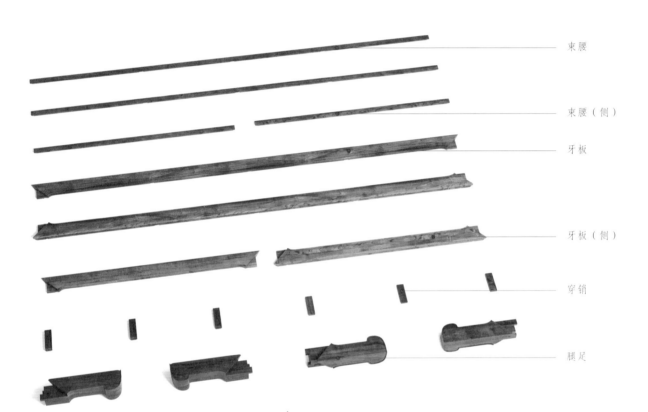

束腰

束腰（侧）

牙板

牙板（侧）

穿销

腿足

宋

腿足和其他分解图（图示 15）

大成

明式五屏风式罗汉床

材质：黄花梨

年款：明代

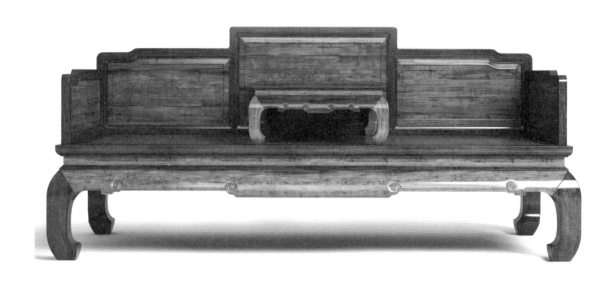

外观效果图（图示1）

1. 器形点评

　　此罗汉床为五屏风式，靠背围子从中间向两侧再到扶手围子高度依次递减。床面下有束腰，鼓腿彭牙，内翻马蹄足。牙板中间垂洼堂肚，边沿雕饰卷云纹。此床整体工艺精湛，用材珍贵，造型端庄大气。

2. CAD 图示

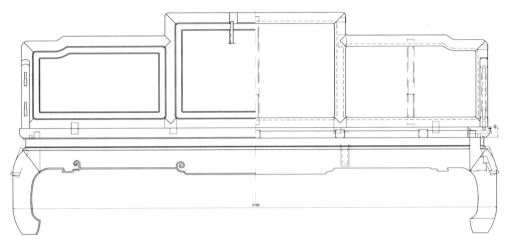

罗汉床－主视图

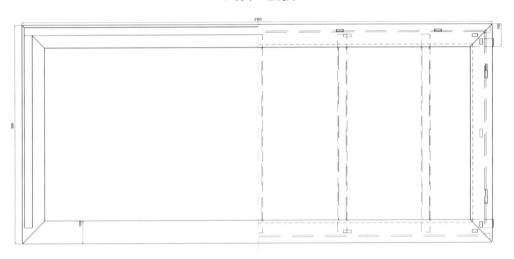

罗汉床－俯视图

明

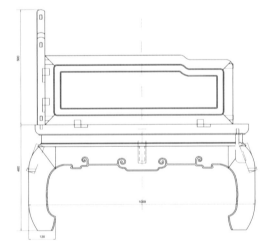

罗汉床－左视图

CAD 结构图（图示 2 ~ 4）

大成

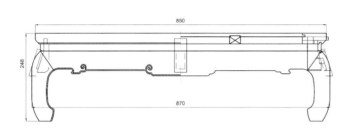

炕桌－主视图

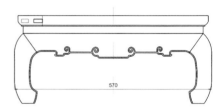

炕桌－左视图

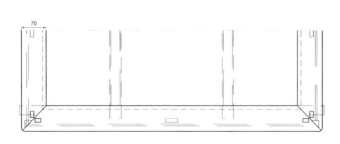

炕桌－剖视图（1）

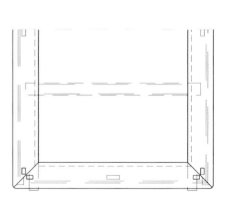

炕桌－剖视图（2）

CAD 结构图（图示 5 ~ 8）

3. 用材效果

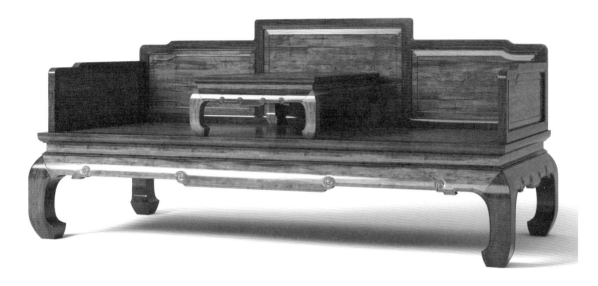

外观效果图（材质：黄花梨；图示 9）

明

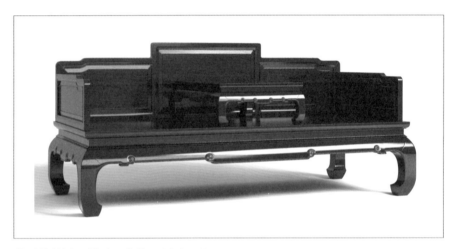

外观效果图（材质：紫檀；图示 10）

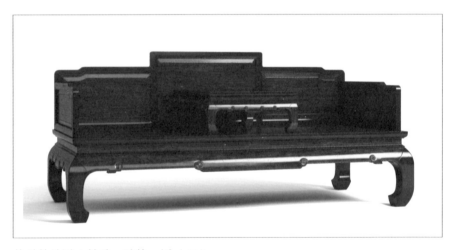

外观效果图（材质：酸枝；图示 11）

4.结构解析

大成

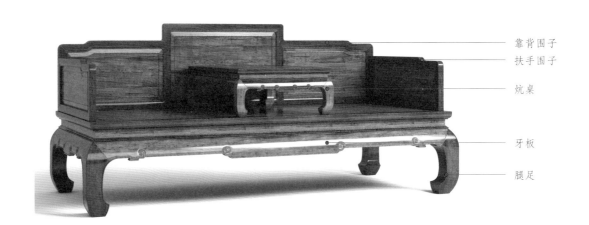

靠背围子
扶手围子

炕桌

牙板

腿足

整体结构图（图示12）

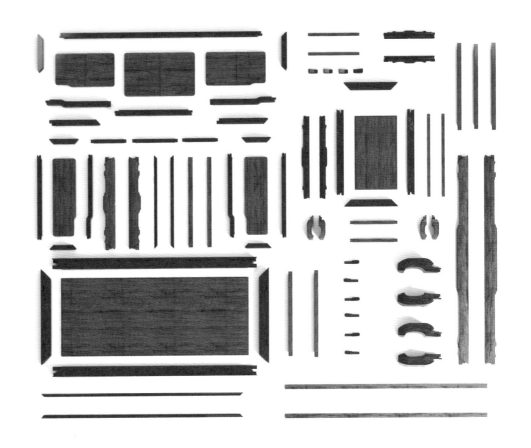

部件结构图（图示13）

5. 部件详解

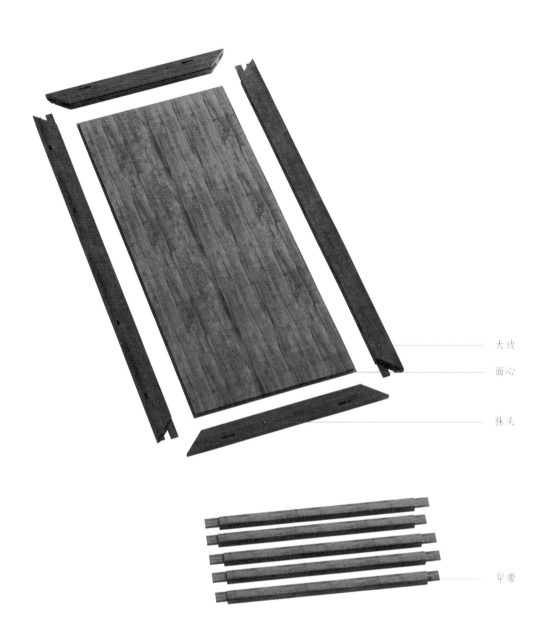

大边

面心

抹头

穿带

明

罗汉床床面分解图（图示14）

大成

挂榫

穿带

靠背边框（外）

靠背边框（上）

靠背边框（内）

靠背板

靠背边框（下）

靠背边框（上）

靠背边框（内）

靠背边框（外）

罗汉床靠背围子分解图（图示15）

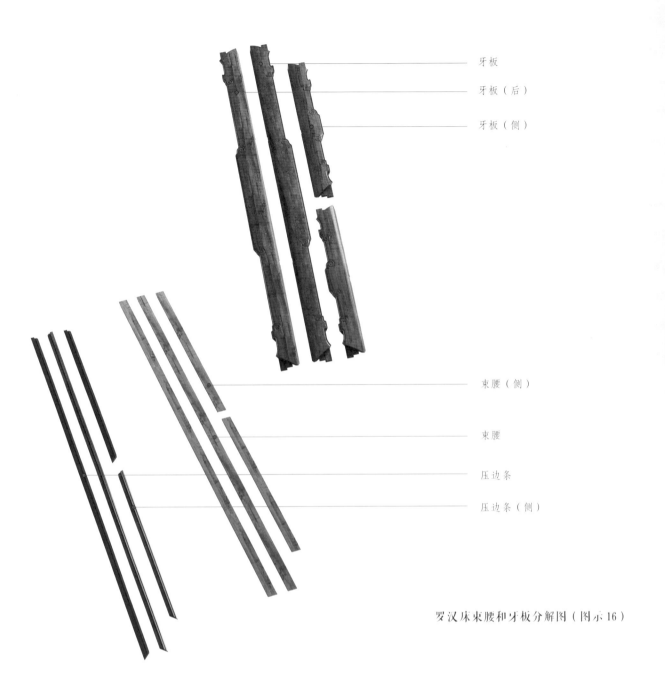

牙板

牙板（后）

牙板（侧）

束腰（侧）

束腰

压边条

压边条（侧）

罗汉床束腰和牙板分解图（图示 16）

腿子

罗汉床腿足分解图（图示 17）

明

大成

扶手边框（上）

扶手边框（下）

扶手装板

扶手边框（侧）

扶手装板

扶手边框（侧）

扶手边框（下）

扶手边框（上）

罗汉床扶手围子分解图（图示18）

穿带

抹头

大边

面心

炕桌桌面分解图（图示 19）

明

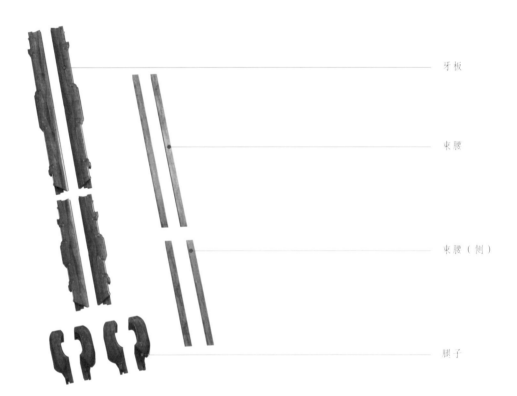

牙板

束腰

束腰（侧）

腿子

炕桌腿足和其他分解图（图示 20）

大成

明式曲尺围子罗汉床

材质：黄花梨

丰款：明代

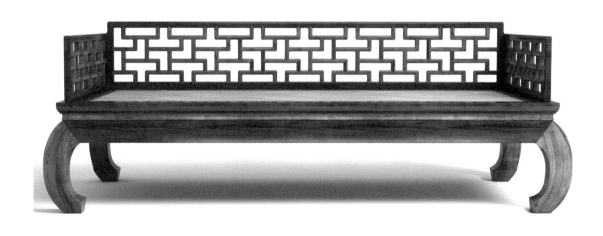

外观效果图（图示1）

1. 器形点评

此罗汉床为三屏风式，床围子用横竖短材攒接成曲尺棂格。床面装藤屉，下有束腰，鼓腿彭牙，内翻马蹄足。此罗床汉造型经典耐看，端庄大气，又不失通透之感。

2. CAD 图示

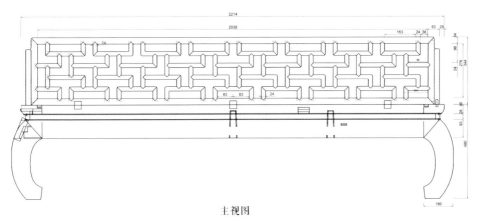

主视图

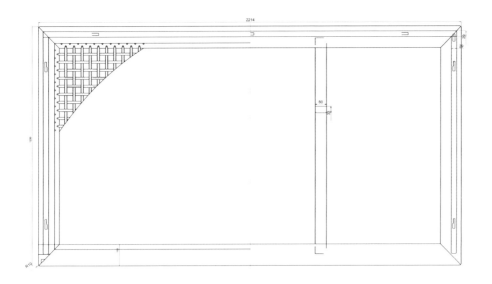

俯视图

明

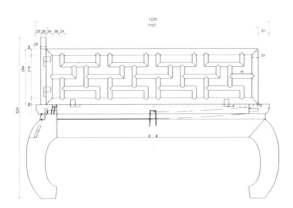

左视图

CAD 结构图（图示 2 ~ 4）

3. 用材效果

大成

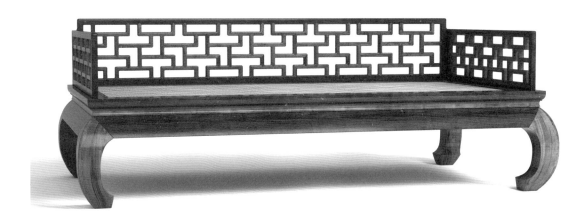

外观效果图（材质：黄花梨；图示 5）

外观效果图（材质：紫檀；图示 6）

外观效果图（材质：酸枝；图示 7）

4. 结构解析

扶手围子
曲尺棂格
束腰

腿子

整体结构图（图示 8）

明

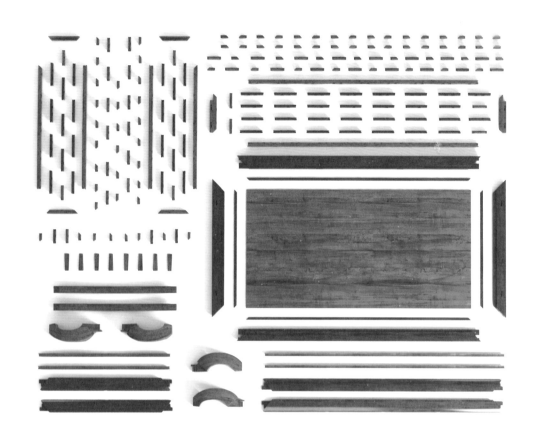

部件结构图（图示 9）

5. 部件详解

大成

抹头

压边条（长）

藤屉面心

大边

压边条（短）

穿带

床面分解图（图示 10）

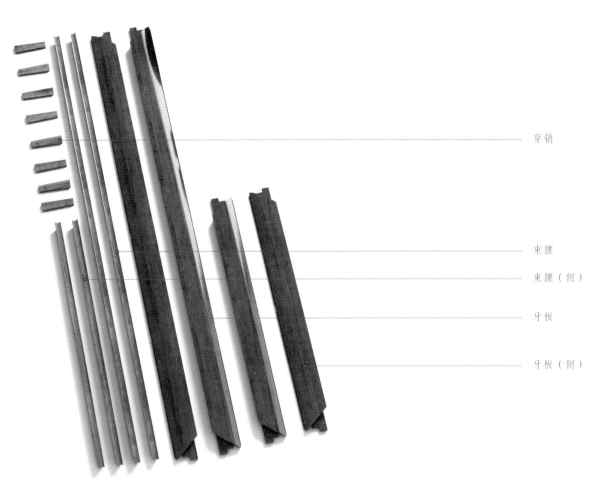

穿销

束腰

束腰（侧）

牙板

牙板（侧）

明

束腰与牙板分解图（图示11）

腿子

腿足分解图（图示12）

大成

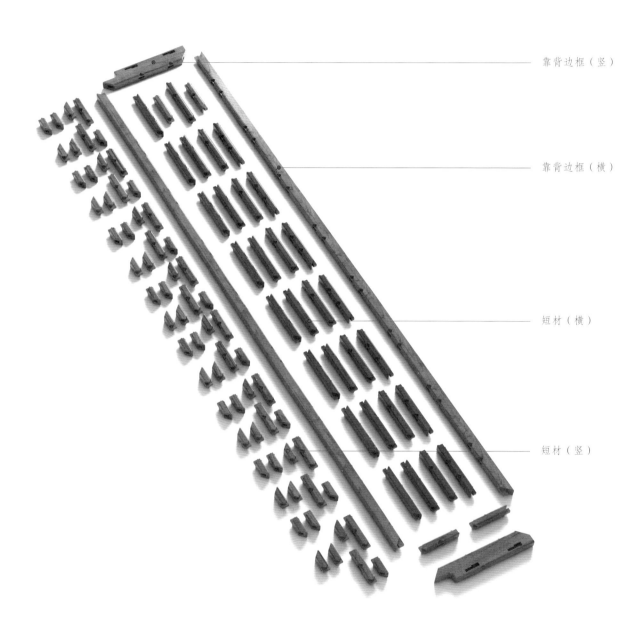

靠背边框（竖）

靠背边框（横）

短材（横）

短材（竖）

靠背围子分解图（图示13）

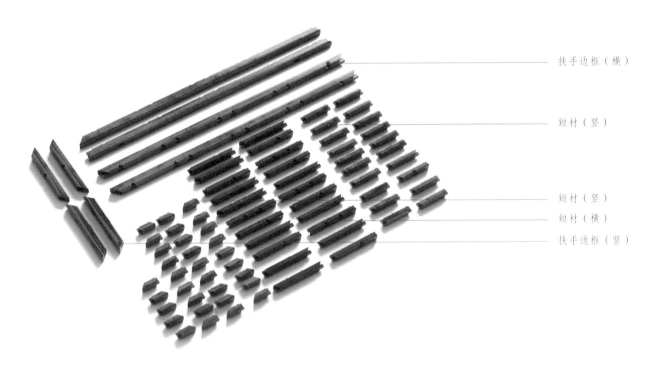

扶手边框（横）

短材（竖）

短材（竖）

短材（横）

扶手边框（竖）

明

扶手围子分解图（图示 14）

大成

明式自在罗汉床

材质：黄花梨

年款：明代

外观效果图（图示1）

1. 器形点评

　　此罗汉床采用三屏风式床围子，光素无饰，床面下有束腰，鼓腿彭牙，内翻马蹄足。整床装饰通体简洁，造型古朴优美，给人一种自然优雅、清丽脱俗之感。此罗汉床还配有造型风格相仿的一张炕桌。

2. CAD 图示

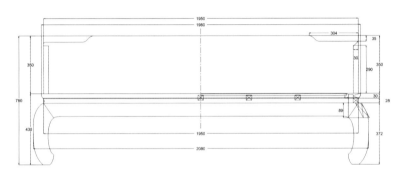

罗汉床—主视图

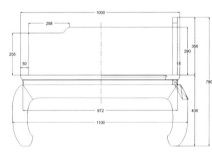

罗汉床—右视图

明

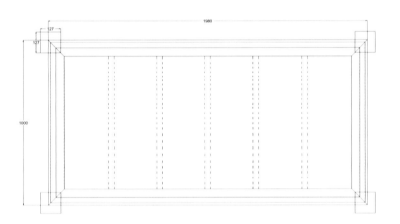

罗汉床—俯视图

大成

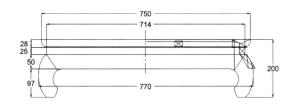

炕桌－主视图

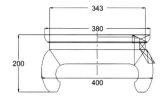

炕桌－左视图

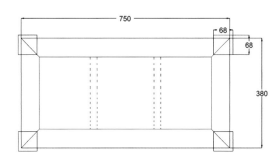

炕桌－俯视图

3. 用材效果

外观效果图（材质：黄花梨；图示 8）

明

外观效果图（材质：紫檀；图示 9）

外观效果图（材质：酸枝；图示 10）

4. 结构解析

大成

靠背围子

扶手围子

束腰

腿子

整体结构图（图示 11）

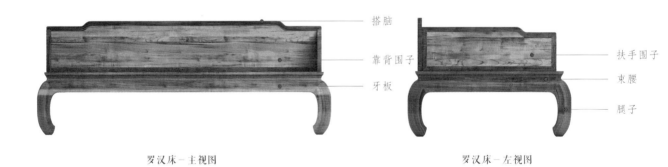

搭脑

靠背围子

牙板

罗汉床－主视图

扶手围子

束腰

腿子

罗汉床－左视图

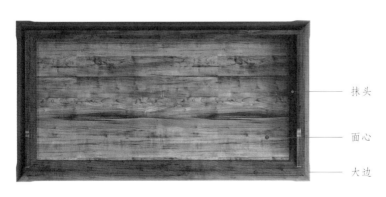

抹头

面心

大边

罗汉床－俯视图

三视结构图（图示 12 ~ 14）

束腰

牙板

腿子

整体结构图（图示15）

明

桌面

牙板

炕桌—主视图

束腰

腿子

炕桌—左视图

抹头

面心

大边

炕桌 俯视图

三视结构图（图示16～18）

大成

清式三屏风式夔纹罗汉床

材质：黄花梨

丰款：清代

外观效果图（图示1）

1. 器形点评

此罗汉床为三屏风式，搭脑轮廓雕出卷云纹。靠背围子上有夔纹装饰，本书图上略去。床面下束腰打洼，直牙板正中垂洼堂肚，间饰回纹。拱肩直腿，内翻回纹马蹄足，足下带托泥。此罗汉床做工精细，美观耐看。

2. CAD 图示

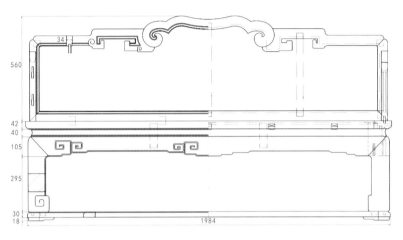

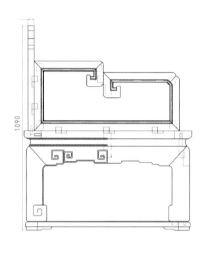

清

主视图

左视图

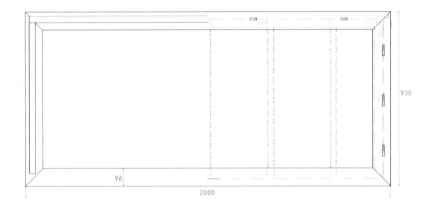

俯视图

CAD 结构图（图示 2 ~ 4）

3. 用材效果

大成

外观效果图（材质：黄花梨；图示5）

外观效果图（材质：紫檀；图示6）

外观效果图（材质：酸枝；图示7）

4.结构解析

搭脑
靠背围子
束腰
牙板
腿子
托泥

整体结构图（图示8）

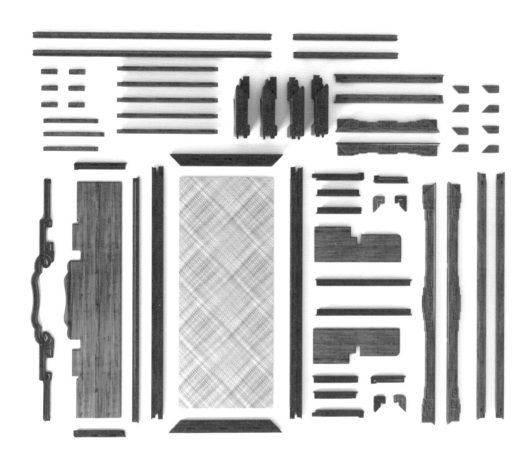

部件结构图（图示9）

5. 部件详解

大成

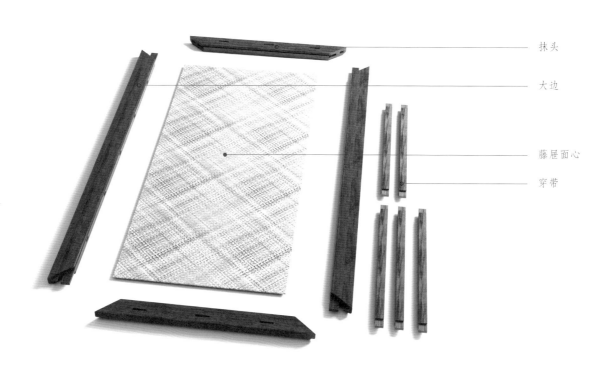

抹头

大边

藤屉面心

穿带

床面分解图（图示10）

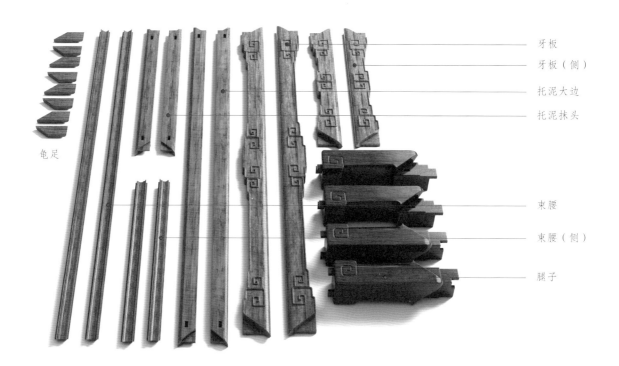

牙板

牙板（侧）

托泥大边

托泥抹头

龟足

束腰

束腰（侧）

腿子

腿足和其他分解图（图示11）

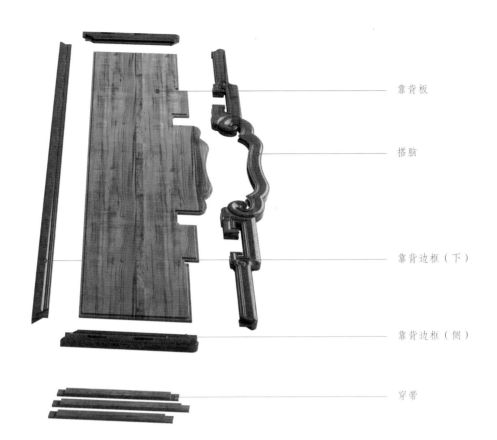

靠背板

搭脑

靠背边框（下）

靠背边框（侧）

穿带

清

靠背围子分解图（图示 12）

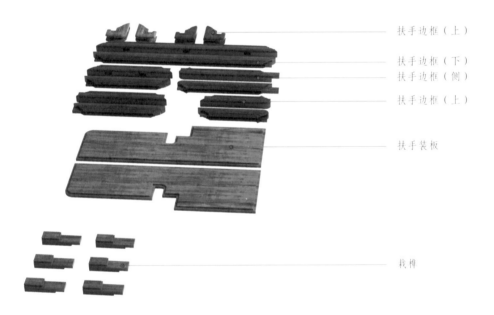

扶手边框（上）

扶手边框（下）
扶手边框（侧）

扶手边框（上）

扶手装板

找榫

扶手围子分解图（图示 13）

清式双夔拱璧纹罗汉床

材质：黄花梨

年款：清代

外观效果图（图示1）

1. 器形点评

　　此罗汉床为三屏风式，矮床围子透雕成圆璧及夔纹形状，上绘拐子纹。床面下有束腰，牙板及三弯腿均雕拐子纹，外翻马蹄足。整体造型优美，线条回转柔婉，独具匠心。此罗汉床为清宫旧藏。

2. CAD 图示

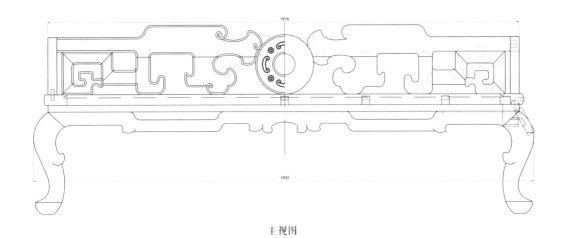

主视图

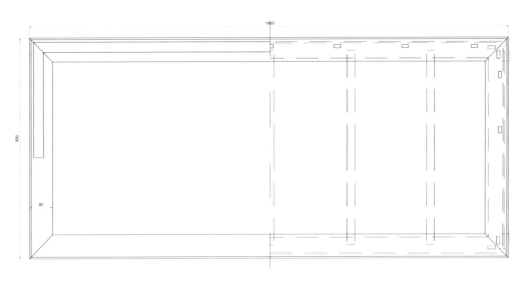

俯视图

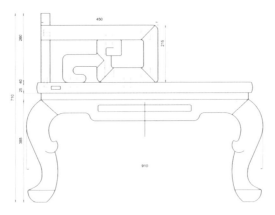

左视图

清

3.用材效果

大成

外观效果图（材质：黄花梨；图示 5）

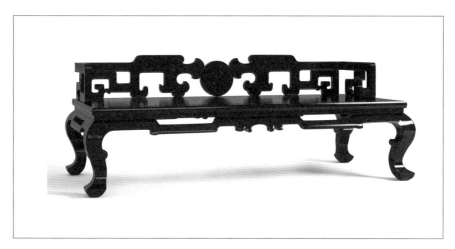

外观效果图（材质：紫檀；图示 6）

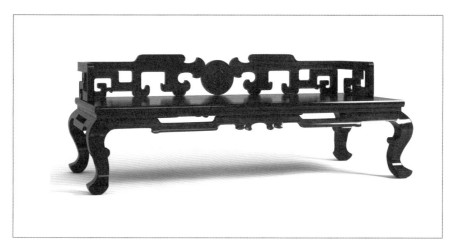

外观效果图（材质：酸枝；图示 7）

4. 结构解析

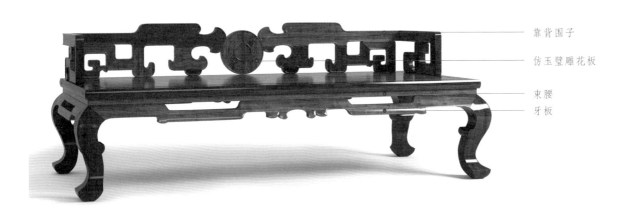

靠背围子

仿玉璧雕花板

束腰

牙板

整体结构图（图示 8）

清

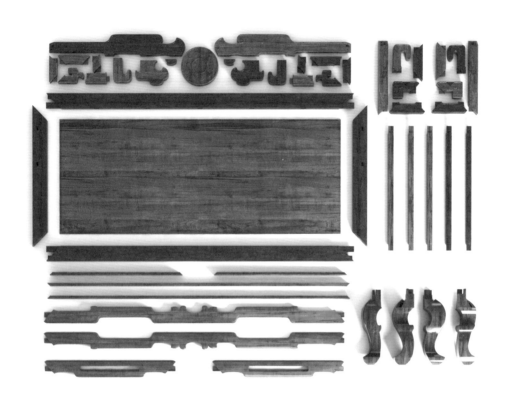

部件结构图（图示 9）

5. 部件详解

大成

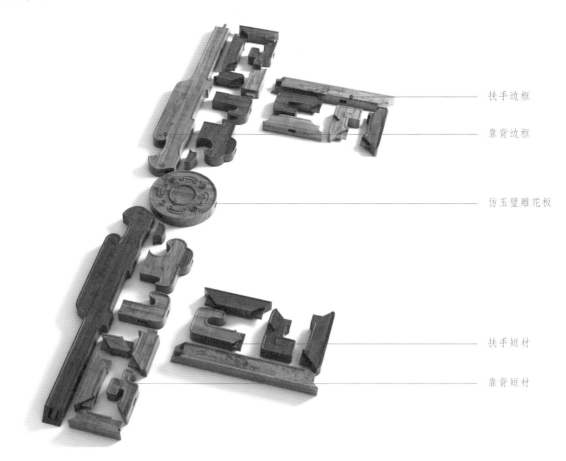

扶手边框

靠背边框

仿玉璧雕花板

扶手短材

靠背短材

靠背围子和扶手围子分解图（图示 10）

牙板

牙板（侧）

束腰

束腰（侧）

腿子

腿足和其他分解图（图示 11）

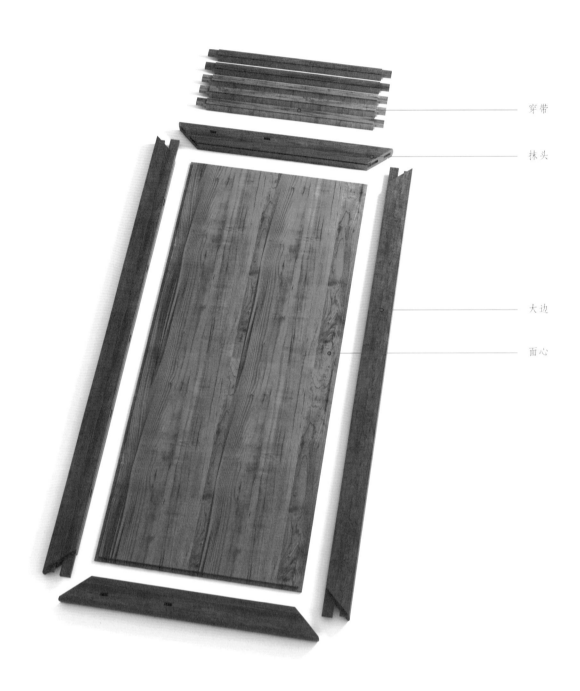

穿带

抹头

大边

面心

清

床面分解图（图示12）

大成

清式三屏风式罗汉床

材质：黄花梨

年款：清代

外观效果图（图示1）

1. 器形点评

此罗汉床为三屏风式，靠背围子搭脑处浮雕卷云纹。床面下束腰打洼，直牙板正中垂洼堂肚，间饰回纹。拱肩直腿，内翻回纹马蹄足，足下带托泥。此罗汉床为清宫旧藏。

2. CAD 图示

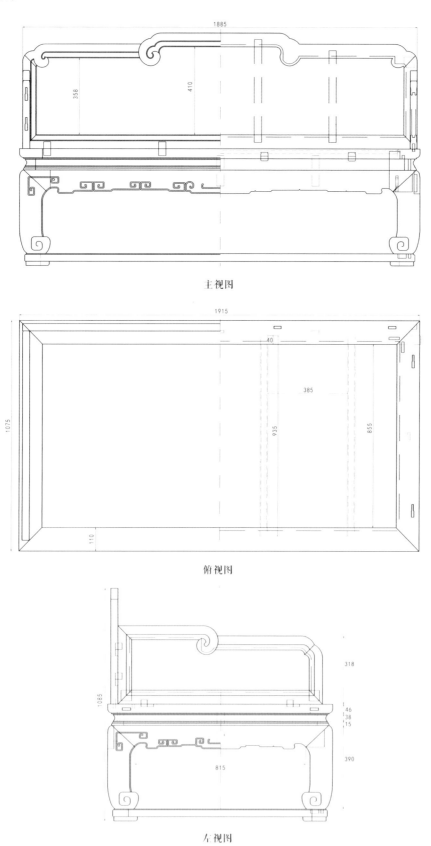

主视图

俯视图

左视图

CAD 结构图（图示 2 ~ 4）

清

3. 用材效果

大成

外观效果图（材质：黄花梨；图示 5）

外观效果图（材质：紫檀；图示 6）

外观效果图（材质：酸枝；图示 7）

4.结构解析

靠背围子

束腰

牙板

腿子

托泥

整体结构图（图示8）

清

部件结构图（图示9）

5. 部件详解

大成

穿带

搭脑

靠背板

靠背边框（下）

靠背边框（侧）

靠背围子分解图（图示 10）

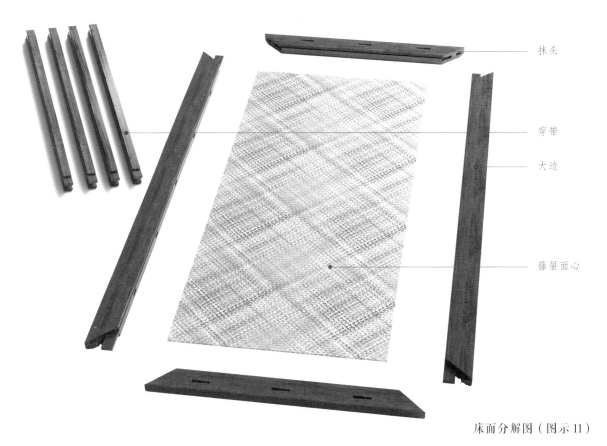

抹头

穿带

大边

藤屉面心

床面分解图（图示 11）

扶手边框（下）

扶手边框（侧）

扶手边框（上）

扶手装板

扶手围子分解图（图示12）

清

束腰

束腰（侧）

牙板

挂榫

龟足

牙板（侧）

托泥大边

托泥抹头

腿子

腿足和其他分解图（图示13）

清式百鸟朝凤罗汉床

材质：黄花梨

年款：清代

大成

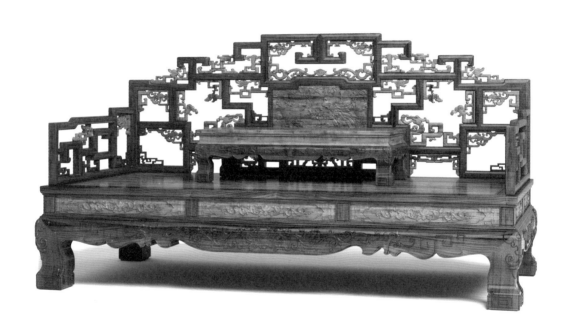

外观效果图（图示1）

1. 器形点评

此罗汉床床腿呈三弯式，与牙板相连，牙板处雕刻缠枝莲纹。牙板上是束腰，正面束腰分三段装绦环板，雕饰缠枝莲纹。束腰以上是床板，床板三面安床围子，床围子以拐子纹攒成，装饰拐子螭龙纹花牙子。靠背围子呈山字形，中间镶雕刻花鸟图案的绦环板。整器显得庄重大方，生动活泼。此罗汉床还配有一张三弯腿炕桌。

2. CAD 图示

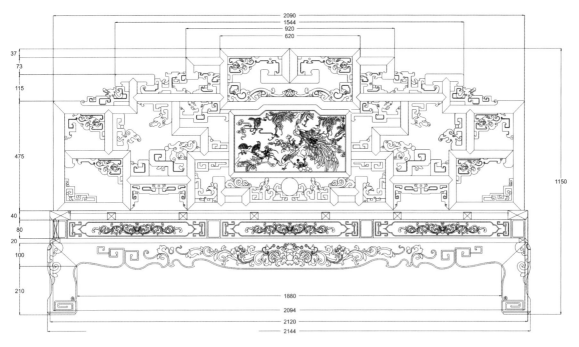

罗汉床—主视图

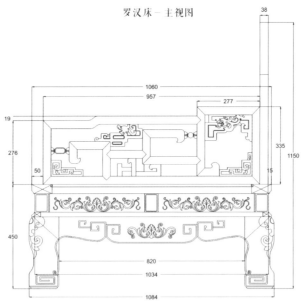

罗汉床—右视图

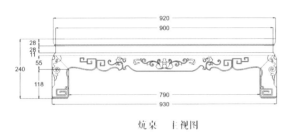

炕桌　主视图

炕桌　右视图

CAD 结构图（图示 2 ~ 5）

注：俯视结构简单，故省略俯视图。

3. 用材效果

大成

外观效果图（材质：黄花梨；图示 6）

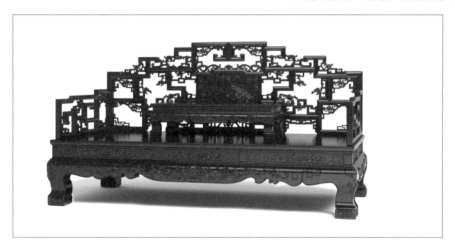

外观效果图（材质：紫檀；图示 7）

外观效果图（材质：酸枝；图示 8）

4. 结构解析

花牙子
靠背围子装板
扶手围子

束腰
牙板
腿子

整体结构图（图示 9）

清

靠背边框

花牙子
床面
牙板

罗汉床 主视图

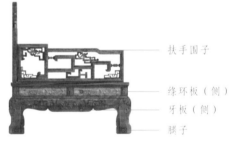

扶手围子

绦环板（侧）
牙板（侧）
腿子

罗汉床 右视图

抹头

面心

大边

罗汉床 俯视图

视结构图（图示 10 ~ 12）

大成

桌面
束腰

牙板

腿子

整体结构图（图示 13）

束腰
牙板
三弯腿

炕桌－主视图

牙板（侧）

回纹足

炕桌－左视图

面心

抹头

大边

炕桌－俯视图

三视结构图（图示 14 ~ 16）

5. 雕刻图版

※ 清式百鸟朝凤罗汉床雕刻技艺图

序号	名称	雕刻技艺图	应用部位
1	卷云纹		床围子结子花 （罗汉床）
2	拐子纹		床围子花牙子 （罗汉床）
3	花鸟图		靠背围子镶板 （罗汉床）
4	缠枝莲纹、 拐子纹		正面束腰 （罗汉床）
5	缠枝莲纹、 拐子纹		侧面牙板 （罗汉床）
6	缠枝莲纹、 拐子纹		正面牙板 （罗汉床）
7	缠枝莲纹、 拐子纹		正面牙板 （炕桌）
8	拐子纹		侧面牙板 （炕桌）

清

大成

清式拐子纹罗汉床

材质：黄花梨

年款：清代

外观效果图（图示1）

1. 器形点评

此罗汉床为三屏风式床围，靠背搭脑呈卷书状，边框雕饰回纹拐子。靠背和扶手围子皆以拐子纹装饰。床面下有束腰，床腿和牙板皆以回纹镂空，下接托泥，托泥足处有云纹装饰。此罗汉床配有一张与其造型风格相似的炕桌。

2. CAD 图示

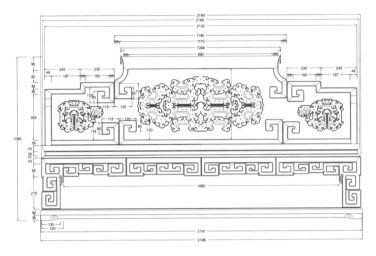

罗汉床-主视图

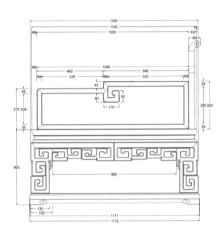

罗汉床-右视图

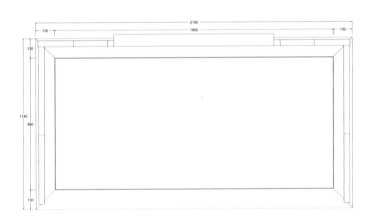

罗汉床-俯视图

清

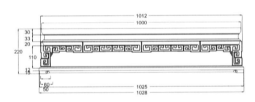

炕桌－主视图

炕桌－左视图

炕桌－俯视图

CAD 结构图（图示 2 ~ 7）

3. 用材效果

大成

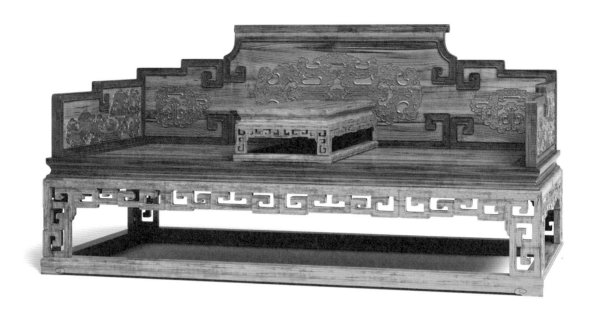

外观效果图（材质：黄花梨；图示 8 ）

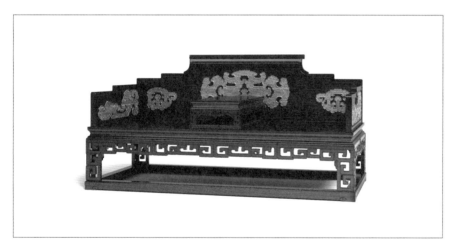

外观效果图（材质：紫檀；图示 9 ）

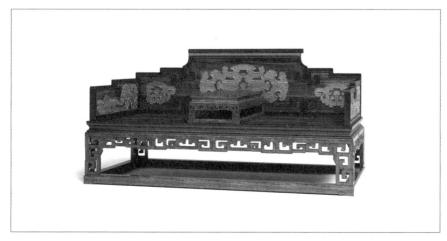

外观效果图（材质：酸枝；图示 10 ）

4. 结构解析

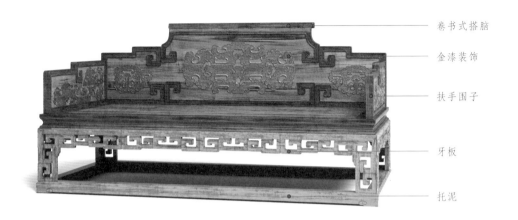

卷书式搭脑

金漆装饰

扶手围子

牙板

托泥

整体结构图（图示 11）

清

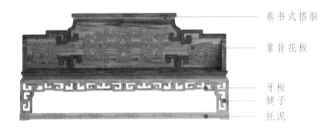

卷书式搭脑

靠背花板

牙板

腿子

托泥

罗汉床—主视图

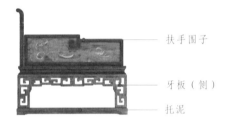

扶手围子

牙板（侧）

托泥

罗汉床—左视图

抹头

面心

大边

罗汉床 俯视图

三视结构图（图示 12～14）

大成

桌面
束腰
托泥
拐子纹牙板
腿子

整体结构图（图示 15）

束腰
牙板
腿子

炕桌－主视图

牙板（侧）
托泥

炕桌－左视图

面心
抹头
大边

炕桌－俯视图

三视结构图（图示 16 ~ 18）

5. 雕刻图版

※ 清式拐子纹罗汉床雕刻技艺图

序号	名称	雕刻技艺图	应用部位
1	拐子纹	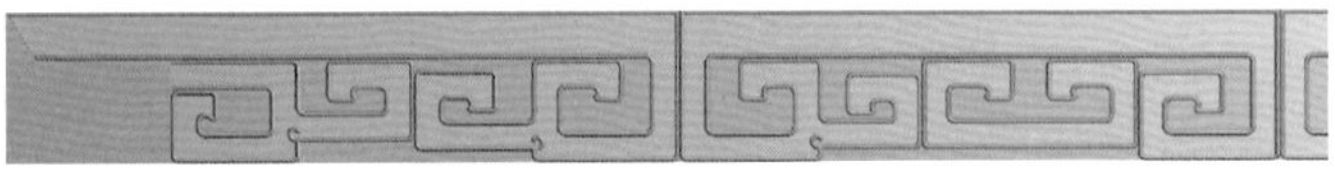	牙板（罗汉床）
2	拐子纹		腿足（罗汉床）
3	拐子龙纹		靠背左侧（罗汉床）
4	拐子龙纹	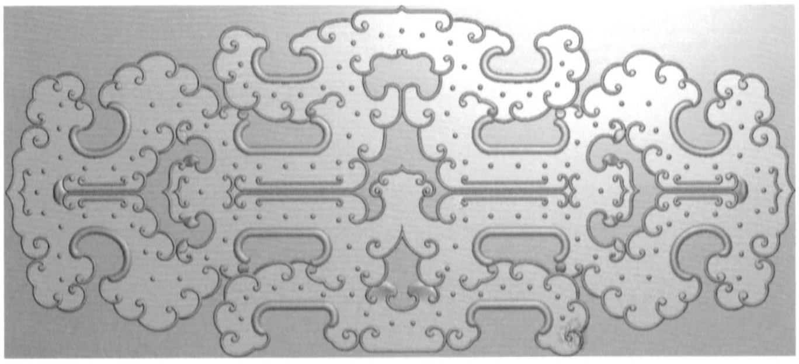	靠背中间（罗汉床）
5	拐子龙纹		扶手围子（罗汉床）

清

雕刻技艺图（图示 19 ~ 23）

清式曲尺棂格罗汉床

材质：黄花梨

丰款：清代

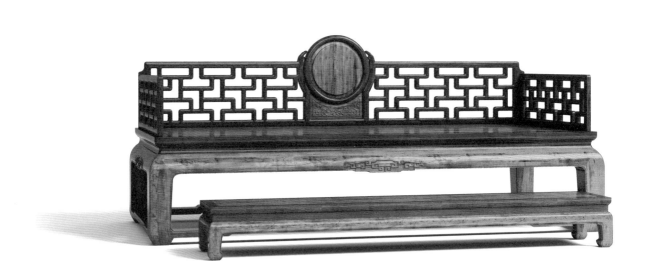

外观效果图（图示1）

1. 器形点评

　　此罗汉床为三屏风式，靠背围子稍高，两头做出委角。靠背和扶手围子处皆以短材攒曲尺棂格，靠背正中安圆形素板，下方围板雕卷草纹。床面光素，内翻马蹄足，足端安罗锅枨，牙板中心雕回纹。脚踏面板素净，高束腰，内翻马蹄足。

2. CAD 图示

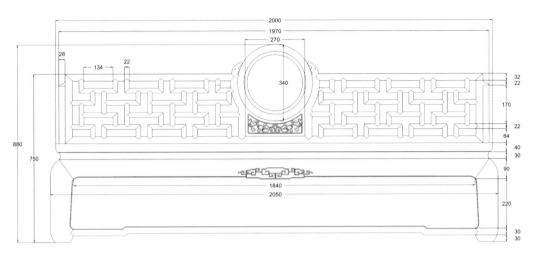

罗汉床一主视图

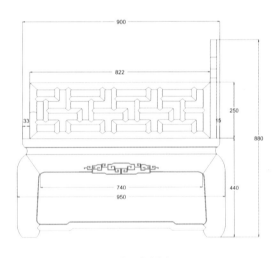

罗汉床一右视图

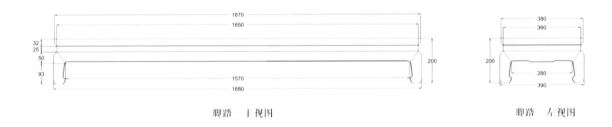

脚踏—主视图　　　　　脚踏—右视图

清

CAD 结构图（图示 2 ~ 5）

注：俯视结构简单，故古略俯视图。

3. 用材效果

大成

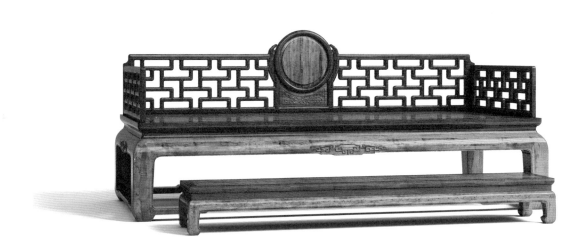

外观效果图（材质：黄花梨；图示 6）

外观效果图（材质：紫檀；图示 7）

外观效果图（材质：酸枝；图示 8）

4. 结构解析

圆形素板
曲尺棂格

束腰

腿子
管脚枨

整体结构图（图示 9）

清

圆形素板
靠背围子

牙板

罗锅枨

罗汉床　主视图

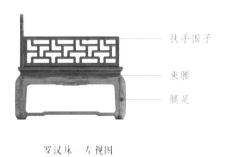

扶手围子

束腰

腿足

罗汉床　左视图

抹头

面心

大边

罗汉床　俯视图

大成

束腰
牙板
腿子

整体结构图（图示 13）

束腰
腿子

脚踏－主视图

面板
牙板
内翻马蹄足

脚踏－左视图

抹头
面心
大边

脚踏－俯视图

三视结构图（图示 14 ~ 16）

5. 雕刻图版

※ 清式曲尺棂格罗汉床雕刻技艺图

序号	名称	雕刻技艺图	应用部位
1	卷草纹	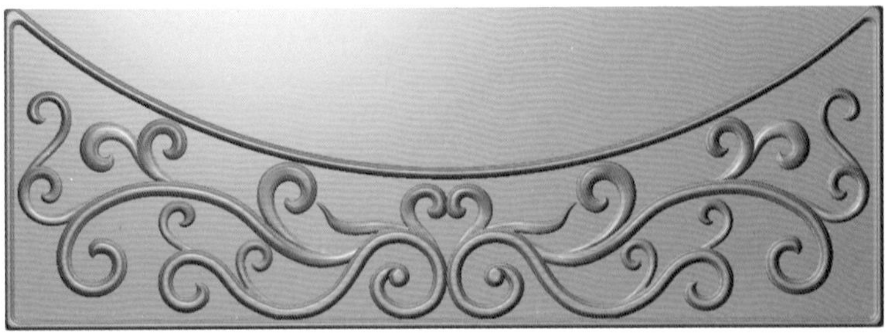	靠背（罗汉床）
2	拐子纹	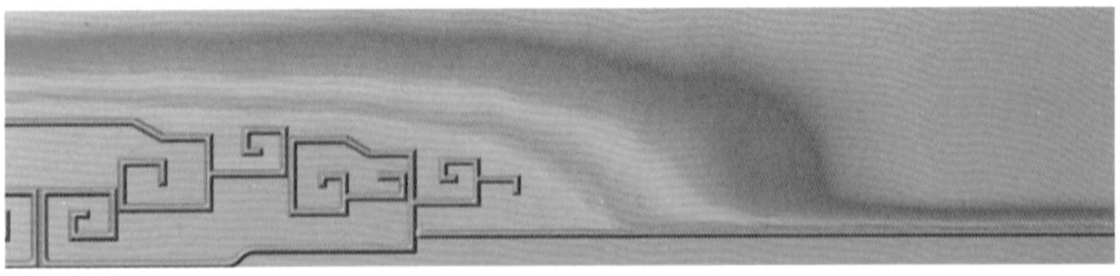	正面牙板（罗汉床）
3	拐子纹	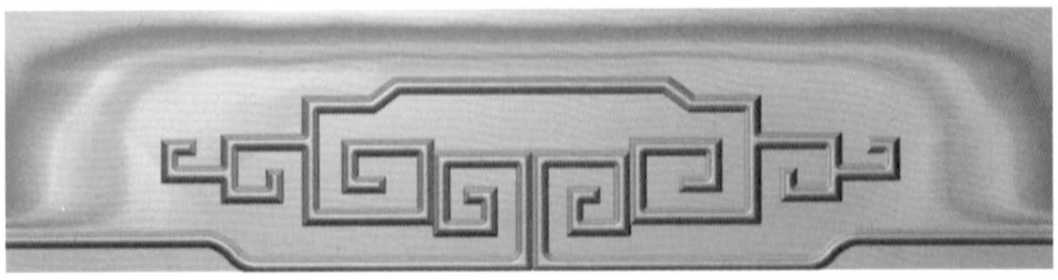	侧面牙板（罗汉床）

雕刻技艺图（图示17 ~ 19）

大成

清式罗锅枨加卡子花式罗汉床

材质：黄花梨

年款：清代

外观效果图（图示1）

1. 器形点评

　　此罗汉床造型优美华丽，三面装床围子，靠背围子分三段装绦环板，做成类似三屏风式的围子，左右扶手各一扇围子，围板上雕团螭龙纹。靠背围子上安罗锅枨，扶手围子上安半个罗锅枨，枨下安卡子花。床面下有束腰，牙板与床腿相连，三弯腿，牙板和床腿处皆装饰卷草纹。此罗汉床还配有造型相似的一张脚踏和一张炕桌。

2. CAD 图示

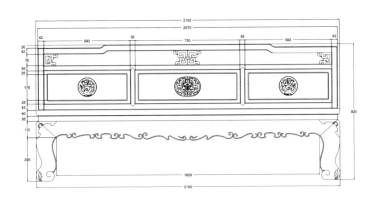

罗汉床—主视图

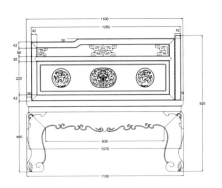

罗汉床—右视图

清

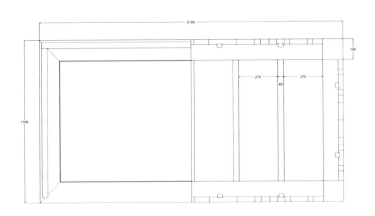

罗汉床　俯视图

大成

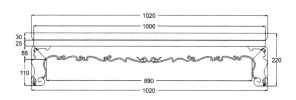

炕桌－主视图

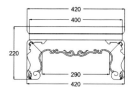

炕桌－左视图

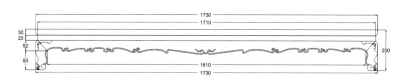

脚踏－主视图

脚踏－左视图

CAD 结构图（图示 5 ~ 8）

3. 用材效果

外观效果图（材质：黄花梨；图示9）

清

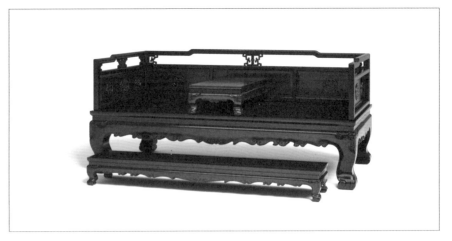

外观效果图（材质：紫檀；图示10）

外观效果图（材质：酸枝；图示11）

4. 结构解析

大成

卡子花

扶手围子

束腰

牙板

腿子

整体结构图（图示 12）

搭脑
卡子花

靠背装板

壸门牙板

涡纹足

罗汉床 - 主视图

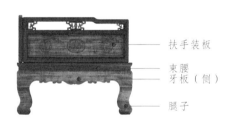

扶手装板

束腰
牙板（侧）

腿子

罗汉床 - 左视图

抹头

面心

大边

罗汉床 - 俯视图

三视结构图（图示 13 ~ 15）

束腰

桌面

牙板

整体结构图（图示16）

清

束腰

壶门牙板

涡纹足

炕桌—主视图

桌面

牙板（侧）

炕桌—右视图

抹头

面心

大边

炕桌　俯视图

视结构图（图示17～19）

大成

束腰
牙板
腿子

整体结构图（图示 20）

束腰
壶门牙板
涡纹足

脚踏－主视图

踏面
牙板（侧）

脚踏－左视图

抹头
面心
大边

脚踏－俯视图

三视结构图（图示 21 ~ 23）

5. 雕刻图版

※ 清式罗锅枨加卡子花式罗汉床雕刻技艺图

序号	名称	雕刻技艺图	应用部位
1	螭龙纹		靠背围子和扶手围子两侧（罗汉床）
2	双螭纹		靠背围子和扶手围子中间（罗汉床）
3	卷草纹、拐子纹		牙板

清

清式金玉满堂罗汉床

材质：黄花梨

丰款：清代

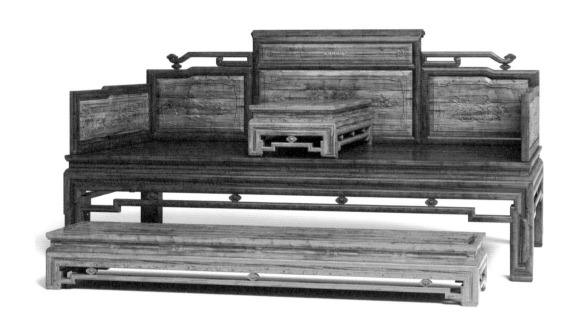

外观效果图（图示1）

1. 器形点评

此罗汉床为五屏风式床围，床身有束腰，搭脑呈卷书状。围板上雕刻寓意吉祥富贵的图案，雕工精美，动静有致。牙板和床腿上雕刻回纹，腿间安罗锅枨加如意纹卡子花。脚踏、炕桌等与其搭配协调，纹样一致。整套家具和谐统一，极富美感。

2. CAD 图示

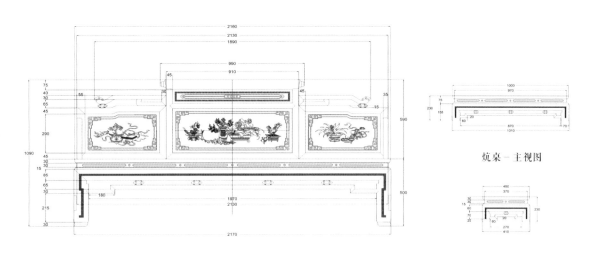

罗汉床－主视图

炕桌－主视图

炕桌－左视图

清

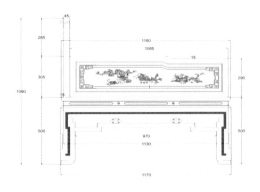

罗汉床－左视图

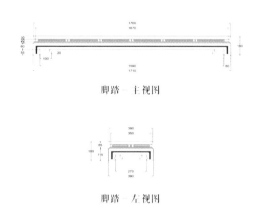

脚踏－主视图

脚踏－左视图

CAD 结构图（图示 2 ~ 7）

注：俯视结构简单，故省略俯视图。

3. 用材效果

大成

外观效果图（材质：黄花梨；图示 8）

外观效果图（材质：紫檀；图示 9）

外观效果图（材质：酸枝；图示 10）

4. 结构解析

整体结构图（图示 11）

束腰

卡子花
罗锅枨

清

踏面

腿子

脚踏—主视图

束腰

卡子花
罗锅枨

脚踏—左视图

大边

抹头

面心

脚踏—俯视图

大成

清式美人榻

材质：黄花梨

年款：清代

外观效果图（图示1）

1. 器形点评

　　此榻靠背轮廓呈曲线状，和两侧卷曲的扶手相连，婉转动人。靠背板镂空，雕有线形纹饰。榻面下有束腰，三弯腿，腿子拱肩部雕刻螭龙头纹，足端雕兽爪纹。脚踏面板光素，三弯腿，牙板光素，腿部亦雕螭龙头纹。

2. CAD 图示

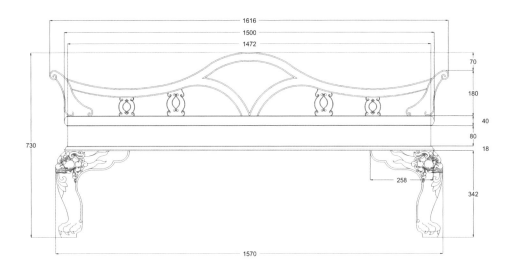

美人榻—主视图

清

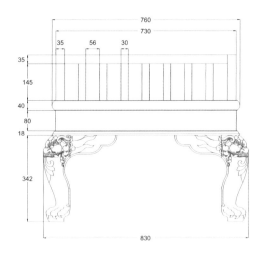

美人榻—左视图

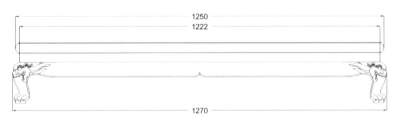

脚踏 主视图

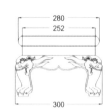

脚踏 左视图

CAD 结构图（图示 2～5）

注：俯视结构简单，故省略俯视图。

3. 用材效果

大成

外观效果图（材质：黄花梨；图示 6）

外观效果图（材质：紫檀；图示 7）

外观效果图（材质：酸枝；图示 8）

4. 结构解析

靠背镶板
雕花板
束腰
三弯腿
兽爪足

整体结构图（图示 9）

清

搭脑
雕花板
拱肩处雕刻

美人榻　主视图

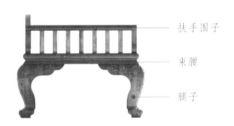

扶手围子
束腰
腿子

美人榻　左视图

扶头
面心
大边

美人榻　俯视图

三视结构图（图示 10 ～ 12）

大成

束腰
牙板
腿子

整体结构图（图示 13）

束腰

兽爪足

脚踏－主视图

踏面
壶门牙板
三弯腿

脚踏－左视图

面心
抹头

大边

脚踏－俯视图

三视结构图（图示 14 ~ 16）

5. 雕刻图版

※ 清式美人榻雕刻技艺图

序号	名称	雕刻技艺图	应用部位
1	兽头兽爪纹	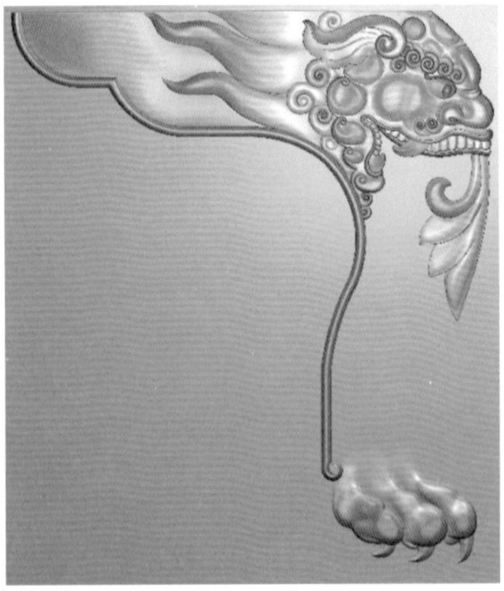	腿足（美人榻）
2	兽头兽爪纹	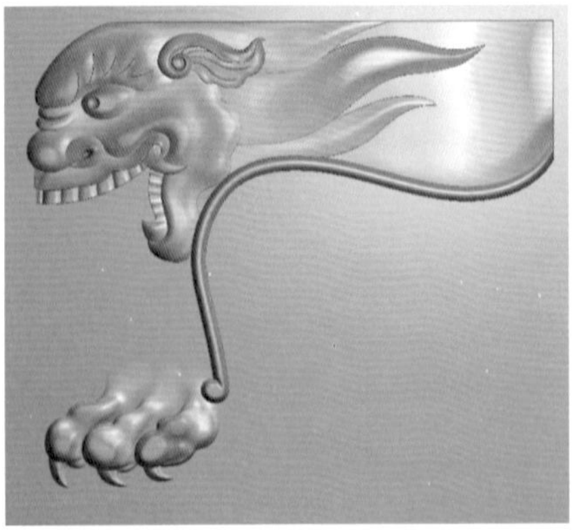	腿足（脚踏）
3	卷云纹	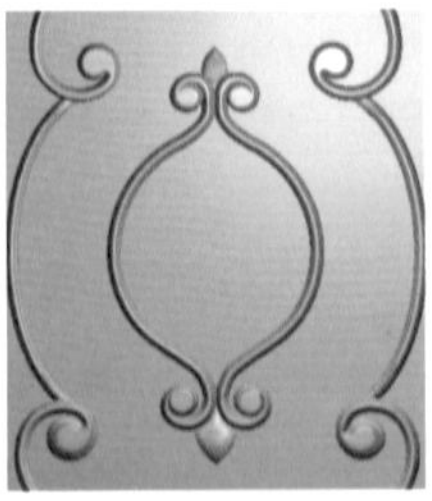 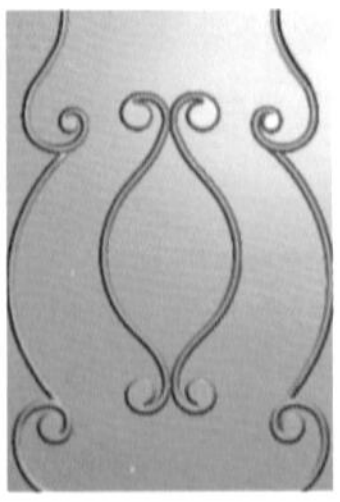	靠背雕花板（美人榻）

雕刻技艺图（图示17 ~ 20）

清式花鸟纹月洞式门罩架子床

材质：黄花梨

年款：清代

外观效果图（图示1）

1. 器形点评

　　此架子床床面四角安床柱，柱顶安床顶。在正面和后面的两侧床柱间均安月洞式门罩，门罩由顶部的横楣和两侧的弧形围板拼成，横楣和两侧弧形围板上装数段透雕花鸟纹的绦环板。前后月洞门罩的下端及左右两侧安雕花围板。床面之下有束腰，束腰分段装绦环板，中以短柱分隔，绦环板上浮雕西番莲纹。束腰之下的牙板上铲地浮雕卷草纹。四腿为三弯腿，足端做成柱础足。

大成

2. CAD 图示

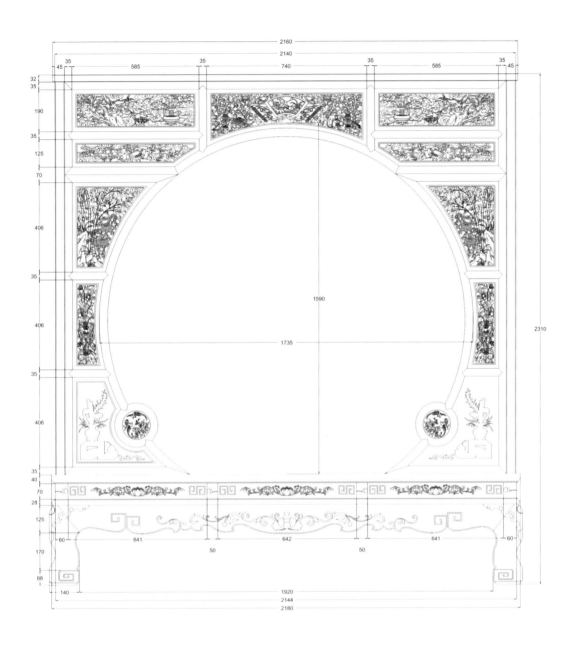

主视图

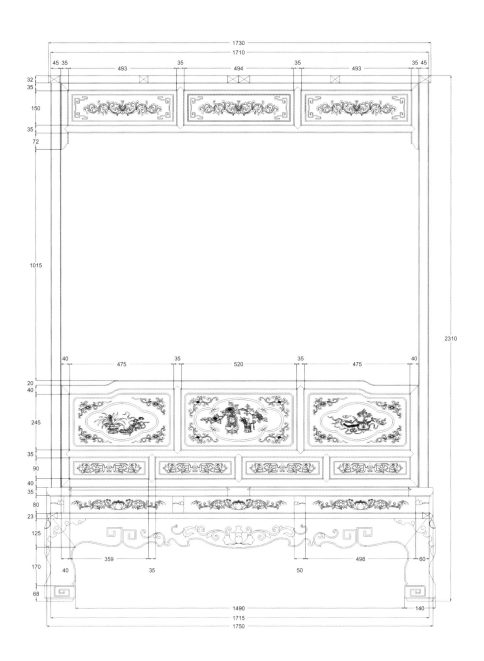

左视图

CAD 结构图（图示 3）

3. 用材效果

外观效果图（材质：黄花梨；图示 4）

清

外观效果图（材质：紫檀；图示 5）

外观效果图（材质：酸枝；图示 6）

4. 结构解析

大成

床顶
挂檐

月洞式门罩
立柱
门围子

束腰
腿子

整体结构图（图示 7）

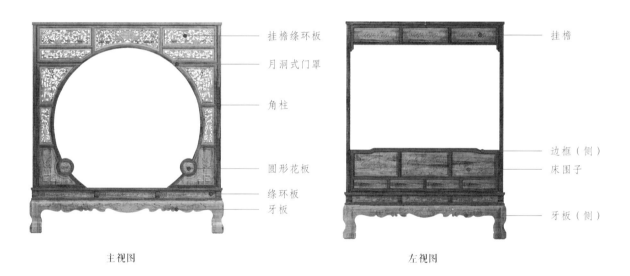

挂檐绦环板
月洞式门罩
角柱

圆形花板
绦环板
牙板

主视图

挂檐

边框（侧）
床围子

牙板（侧）

左视图

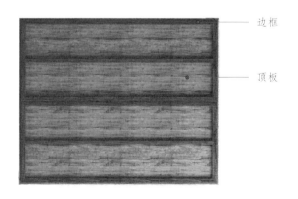

边框

顶板

俯视图

三视结构图（图示 8 ~ 10）

5. 雕刻图版

※ 清式花鸟纹月洞式门罩架子床雕刻技艺图

序号	名称	雕刻技艺图	应用部位
1	竹林翠鸟图		门罩绦环板
2	西番莲纹		束腰绦环板
3	喜鹊登梅图		门罩绦环板
4	螭龙纹		侧面床围子绦环板
5	瓶花纹		门罩绦环板

清

现代中式金玉满堂大床

<u>材质：黄花梨</u>

<u>年款：现代</u>

外观效果图（图示1）

1. 器形点评

　　此床雕工精致，床头有卷书式的搭脑；搭脑两侧各饰挑杆，挑杆尽端雕如意头；床头上饰回纹边框，下饰云纹雕花板，云纹间雕蝙衔金钱纹样，两个圆框中雕有杂宝图和香炉等，延伸出的花板雕刻梅花和竹子。床头柜高束腰镶绦环板，柜顶素净无雕花；下方有抽屉，以如意宝石纹作为抽屉把手。床腿部都有回纹雕饰，罗锅枨加如意宝石纹卡子花。整体工艺精湛，线条简洁流畅，搭配和谐统一。

2. 用材效果

外观效果图（材质：黄花梨；图示 2）

现

外观效果图（材质：紫檀；图示 3）

外观效果图（材质：酸枝；图示 4）

3. 结构解析

大成

整体结构图（图示 5）

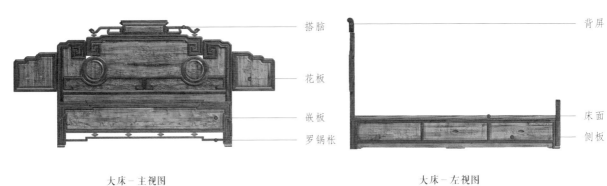

大床 - 主视图 ——— 搭脑

——— 花板

——— 嵌板

——— 罗锅枨

大床 - 左视图 ——— 背屏

——— 床面

——— 侧板

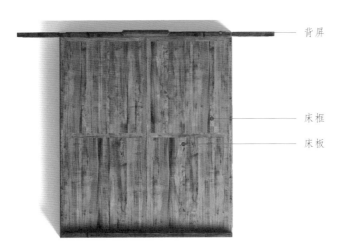

大床 - 俯视图 ——— 背屏

——— 床框

——— 床板

三视结构图（图示 6 ~ 8）

束腰

罗锅枨

搁板

整体结构图（图示 9）

现

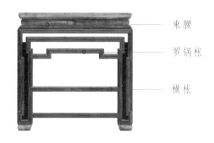

束腰
罗锅枨

横枨

床头柜 主视图

束腰
罗锅枨

腿子

横枨

床头柜 右视图

边框

柜面

床头柜 俯视图

三视结构图（图示 10 ~ 12）

注：为方便展示，此处床头柜省略了抽屉。

现代中式紫光大床

材质：黄花梨

丰款：现代

外观效果图（图示1）

1. 器形点评

此床形态较为方正，床头顶端装饰镂空卷草纹。床头镶板以竖枨相隔，界分为三屏式，左右两屏光素，中间一屏雕荷花、宝瓶、回纹等装饰性纹样。床身侧面绦环板也雕缠枝莲等纹样。床尾镶板以两根竖枨分三段装绦环板，中间圆开光雕荷花、蚌壳、如意、蝙蝠等纹样。床头柜柜帽圆角喷出，有两具抽屉，屉脸上装黄铜拉手，抽屉下有束腰，牙板光素，内翻马蹄足。

2. CAD 图示

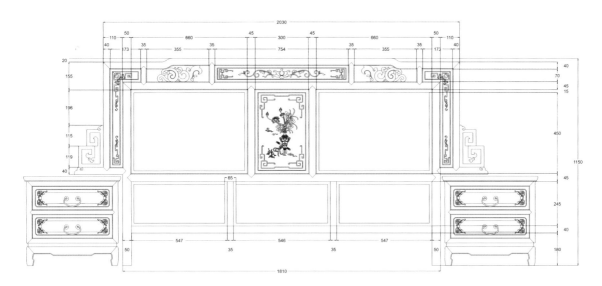

大床床头－主视图

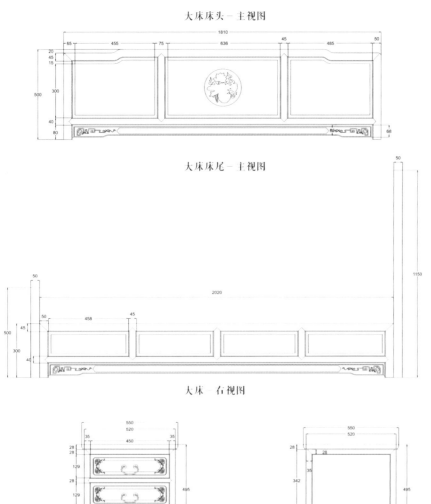

大床床尾－主视图

大床 右视图

床头柜 主视图

床头柜 右视图

CAD 结构图（图示 2～6）

注：俯视结构简单，故省略俯视图。

3. 用材效果

大成

外观效果图（材质：黄花梨；图示 7）

外观效果图（材质：紫檀；图示 8）

外观效果图（材质：酸枝；图示 9）

4. 结构解析

卡子花

床头

床身侧板

床尾

牙板

整体结构图（图示10）

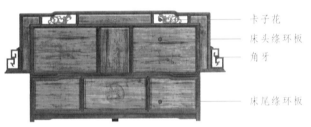

卡子花

床头绦环板

角牙

床尾绦环板

大床 主视图

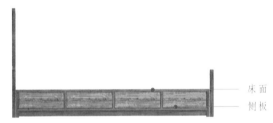

床面

侧板

大床 右视图

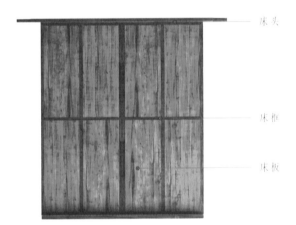

床头

床框

床板

大床 俯视图

大成

抽屉

牙板

整体结构图（图示 14）

柜框

抽屉

洼堂肚牙板

腿足

床头柜－主视图

柜帮

牙板

床头柜－右视图

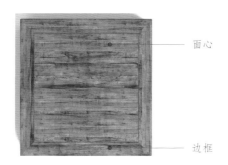

面心

边框

床头柜－俯视图

三视结构图（图示 15～17）

5. 雕刻图版

※ 现代中式紫光大床雕刻技艺图

序号	名称	雕刻技艺图	应用部位
1	荷花如意图		床尾 （大床）
2	如意云头纹、 卷草纹		床身侧板 （大床）
3	岁朝图		床头中间镶板 （大床）
4	西番莲纹、 回纹		床头搭脑处 （大床）
5	卷草纹、 回纹		床尾牙板 （大床）
6	回纹	 	床头角牙 （大床）
7	卷草纹	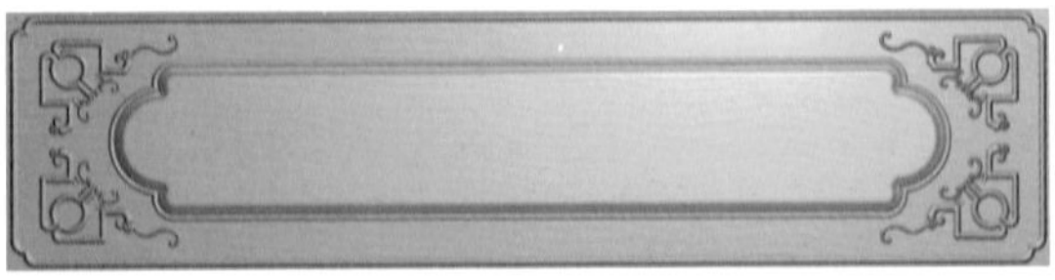	抽屉面 （床头柜）

现

雕刻技艺图（图示 18 ～ 25）

现代中式云龙纹大床

材质：黄花梨

年款：现代

外观效果图（图示1）

1. 器形点评

  此床腿部为三弯腿形式，足端略外撇。床面之下为高束腰，设有炮仗洞开光。牙板雕蝙蝠纹和卷草纹，角牙使用回纹。搭脑处置拐子纹状横枨，镶蝙蝠纹卡子花。床头镶板分为三屏，皆雕云龙纹。床头柜四腿低矮，有两具抽屉，柜帽喷出，托角牙回纹镂空，牙板上浮雕蝠纹。整体纹饰生动，大气端庄，富贵奢华。

2. CAD 图示

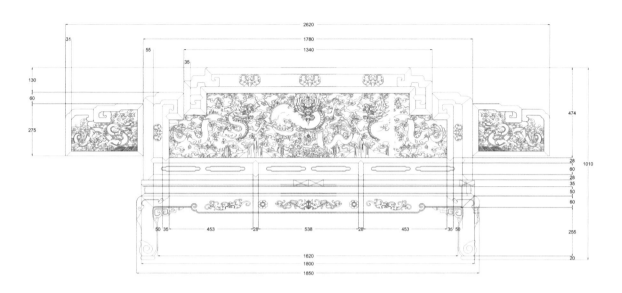

大床—主视图

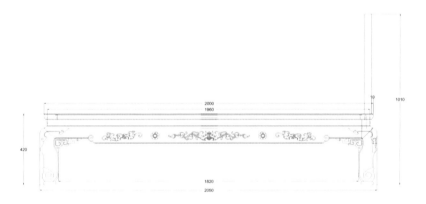

大床 右视图

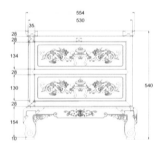

床头柜 主视图

现

CAD 结构图（图示 2～4）

注：俯视结构简单，故省略俯视图。

3. 用材效果

大成

外观效果图（材质：黄花梨；图示 5）

外观效果图（材质：紫檀；图示 6）

外观效果图（材质：酸枝；图示 7）

4. 结构解析

卡子花

床头镶板

床面

牙板（侧）

腿子

整体结构图（图示 8）

现

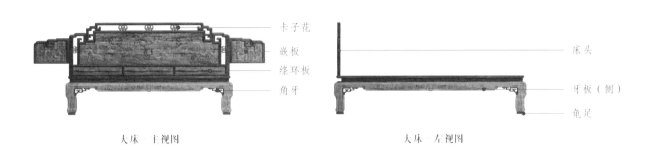

卡子花

嵌板

绦环板

角牙

大床—主视图

床头

牙板（侧）

龟足

大床—右视图

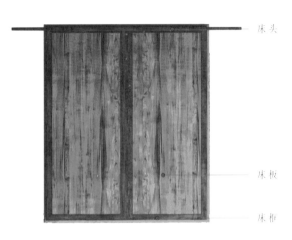

床头

床板

床柜

大床 俯视图

视结构图（图示 9～11）

大成

柜帽

抽屉

牙板

整体结构图（图示12）

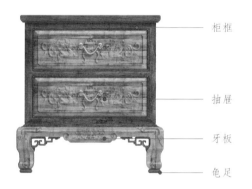

柜框

抽屉

牙板

龟足

床头柜－主视图

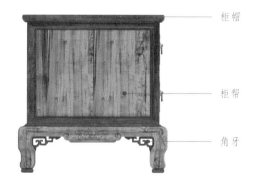

柜帽

柜帮

角牙

床头柜－左视图

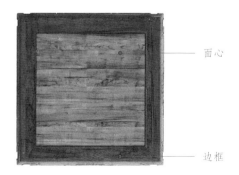

面心

边框

床头柜－俯视图

三视结构图（图示13～15）

5. 雕刻图版

※ 现代中式云龙纹大床雕刻技艺图

序号	名称	雕刻技艺图	应用部位
1	云龙纹	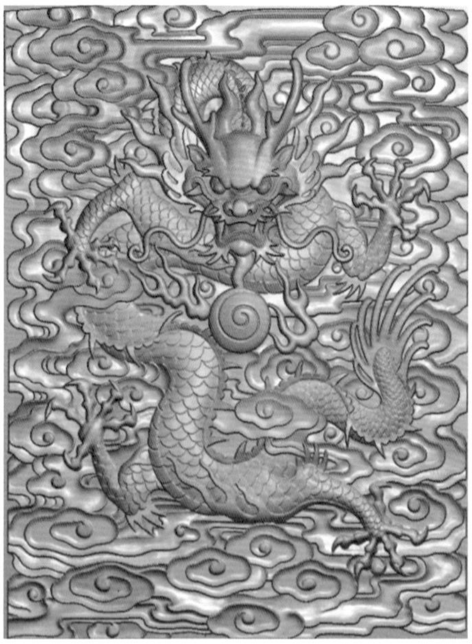	床头中间镶板（大床）
2	云龙纹	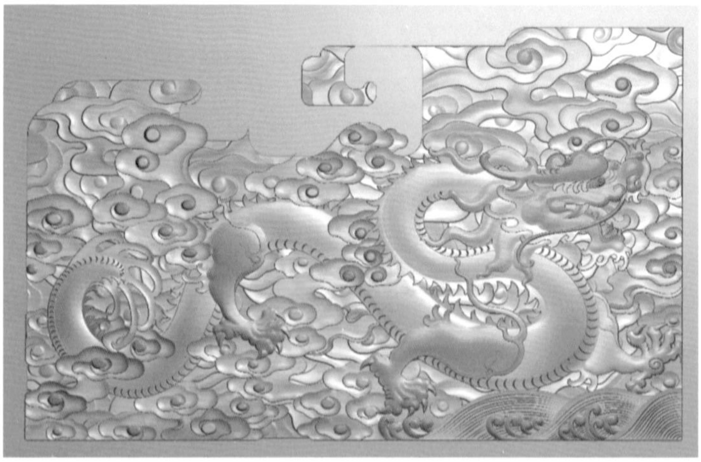	床头两侧镶板（大床）
3	双龙捧寿纹	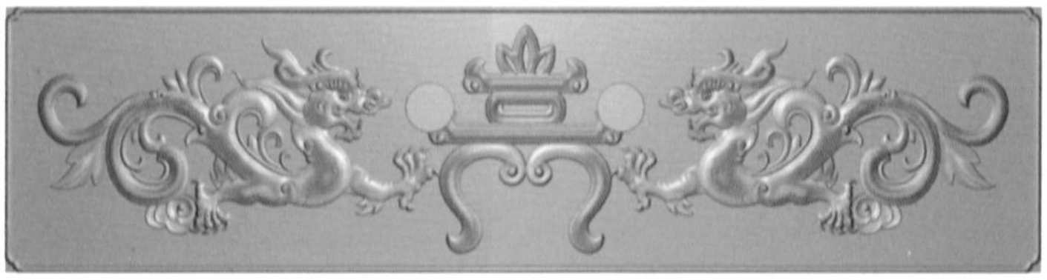	抽屉脸（床头柜）

雕刻技艺图（图示16 ~ 18）

现

大成

现代中式园林风光大床

材质：黄花梨

丰款：现代

外观效果图（图示1）

1. 器形点评

　　此床床头为三屏风式，边框雕饰回纹拐子，搭脑上端分三段装绦环板，装饰如意宝石、如意云头、卷草等纹样。床面下有高束腰，牙板和床腿相连，内翻马蹄足。牙板上也雕饰卷草、如意宝石等纹样。床头大面积的园林风光雕刻使整张床显得大气端庄。床头柜柜帽略微喷出，柜帽下安两具抽屉，屉脸上装黄铜拉手，牙板光素，直腿，回纹马蹄足。

2. CAD 图示

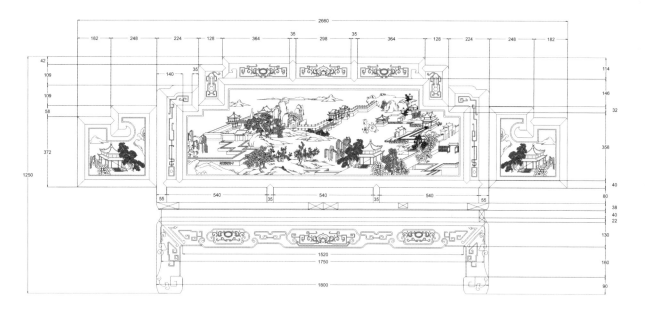

大床—主视图

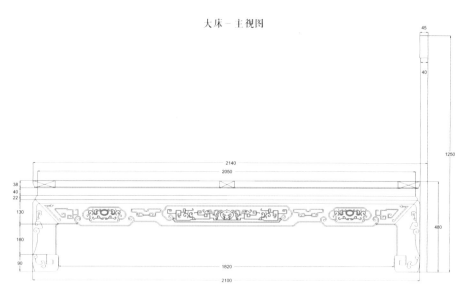

大床—右视图

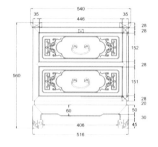

床头柜—主视图

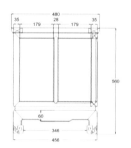

床头柜—右视图

CAD 结构图（图示 2～5）

注：俯视结构简单，故省略俯视图。

现

3. 用材效果

大成

外观效果图（材质：黄花梨；图示 6 ）

外观效果图（材质：紫檀；图示 7 ）

外观效果图（材质：酸枝；图示 8 ）

4. 结构解析

床头

牙板（侧）

腿子

整体结构图（图示 9）

现

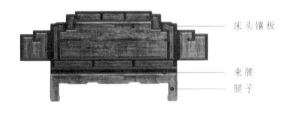

床头镶板

束腰

腿子

大床—主视图

床面
牙板（侧）
内翻马蹄足

大床 左视图

床头

床板

床框

大床 俯视图

大成

—— 抽屉

—— 柜框

—— 牙板

整体结构图（图示 13）

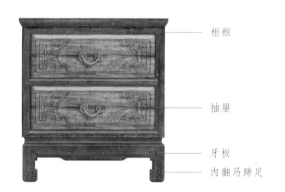

—— 柜框

—— 抽屉

—— 牙板
—— 内翻马蹄足

床头柜－主视图

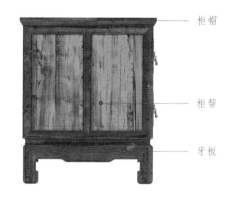

—— 柜帽

—— 柜帮

—— 牙板

床头柜－左视图

—— 面心

—— 边框

床头柜－俯视图

三视结构图（图示 14 ~ 16）

5. 雕刻图版

※ 现代中式园林风光大床雕刻技艺图

序号	名称	雕刻技艺图	应用部位
1	卷草纹	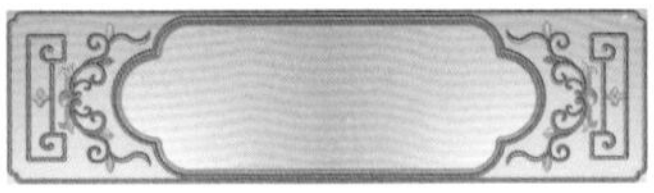	抽屉脸（床头柜）
2	几何杂宝纹	 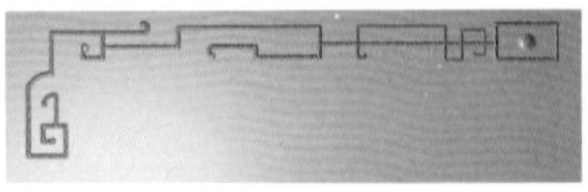 	床头边框绦环板（大床）
3	园林风光图		床头镶板（大床）
4	如意宝石纹、卷草纹	  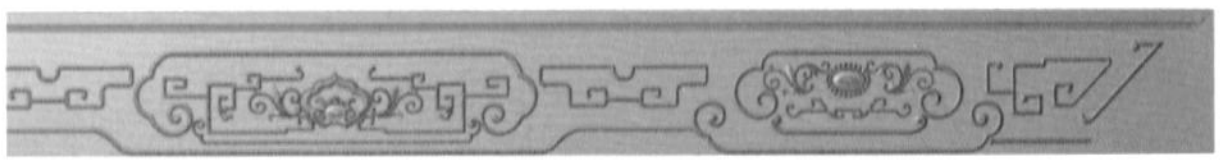 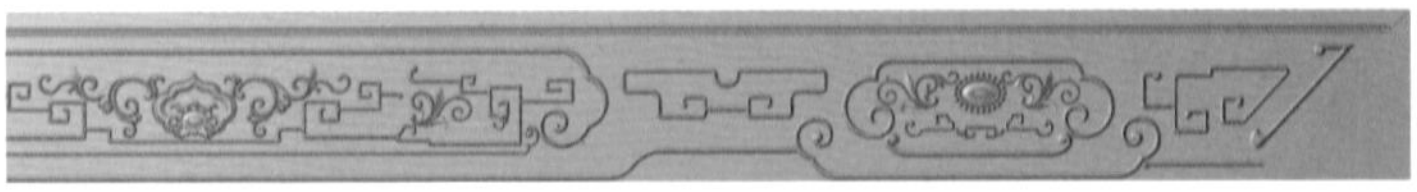	床身牙板（大床）

雕刻技艺图（图示 17 ~ 25）

大成

现代中式竹节纹大床

材质：黄花梨

年款：现代

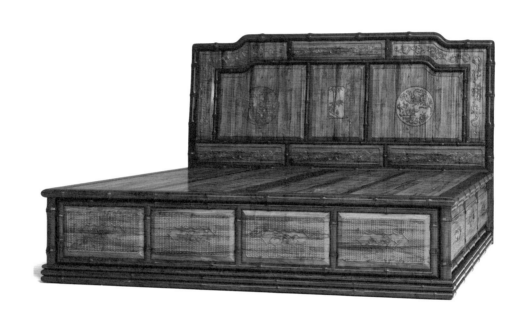

外观效果图（图示1）

1. 器形点评

　　此床床头处以竹席纹为地，中间雕刻长方形开光，长方形开光内雕竹纹，两旁各有圆形开光，圆开内光分别雕刻喜鹊月季和凤穿牡丹。四周皆以卷草纹绦环板环绕。床尾处雕刻梅、兰、竹、菊纹样。床身两侧绦环板以竹席纹装饰，亦雕刻梅、兰、竹、菊纹饰。整器端庄清雅，富贵大方。

2. CAD 图示

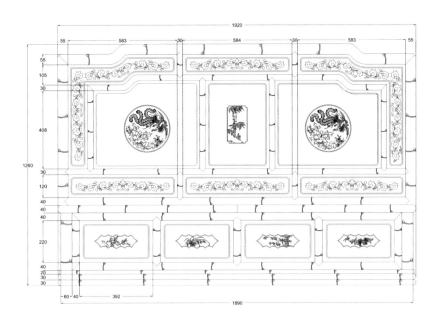

主视图

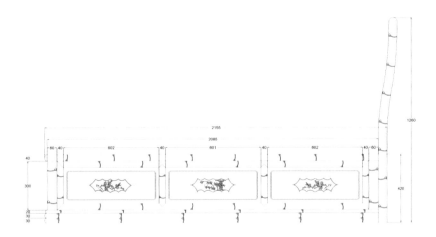

右视图

CAD 结构图（图示 2 ~ 3）

注：俯视结构简单，故省略俯视图。

3. 用材效果

大成

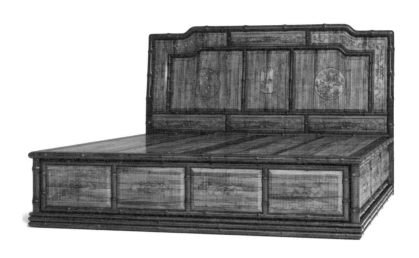

外观效果图（材质：黄花梨；图示 4）

外观效果图（材质：紫檀；图示 5）

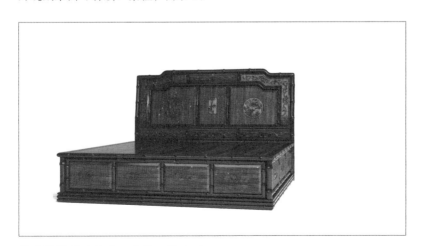

外观效果图（材质：酸枝；图示 6）

4. 结构解析

床头绦环板

开光浮雕

床尾绦环板

整体结构图（图示 7）

现

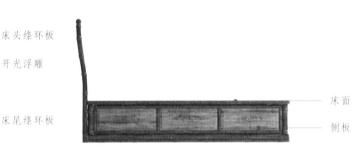

床头绦环板

开光浮雕

床尾绦环板

主视图

床面

侧板

左视图

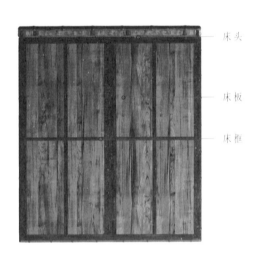

床头

床板

床框

俯视图

三视结构图（图示 8 ~ 10）

5. 雕刻图版

※ 现代中式竹节纹大床雕刻技艺图

序号	名称	雕刻技艺图	应用部位
1	花鸟纹		床头左侧镶板
2	翠竹纹		床头中段镶板
3	梅兰竹菊纹		床尾镶板
4	梅兰竹菊纹		床侧镶板

中国古典家具营造之杂具

五

五、中国古典家具营造之杂具

（一）杂具概述

杂具包括架类、屏类、几类、其他类等。

1．架类

1）面盆架

面盆架，即多足且面心可以承托盆类容器的架子，分高、低两种，高面盆架多为六腿，两条后腿高长，在盆沿处向上加高成为立柱，上部搭脑两端出头上挑，立柱间有花牌，搭脑之下常有挂牙护持，可以在搭脑上面搭面巾。低面盆架，一般都为朴素无饰的式样，有三腿、四腿、六腿等不同结构，结构上有可折叠和不可折叠两种。

2）衣架

衣架是古时候放在卧室中用来搭放衣物的架子，基本造型大同小异。下部以木墩为座，上边是立柱，在木墩与立柱相交的部位有站牙抵夹。立柱之上有搭脑，搭脑两端出头，一般都作圆雕装饰。衣架中部常有镶嵌或雕饰华美的花板，称为"中牌子"。明代的衣架，据《鲁班经匠家镜》、明墓出土明器及传世实物来看，有素衣架和雕花衣架两种。

3）灯架

灯架分为两种，一种是挑杆式，另一种是屏座式。而屏座式又分为固定

图 清式红木面盆架

图 清式红木灯架

图 明式黄花梨镜台　　　　　　　　　　　　图 清式红木插屏

式和可升降式，固定式常见明式，而可升降式则多见清式。挑杆式用以挂灯，屏座式用以坐灯。屏座式灯架外形犹如插屏的座架，只是较窄。屏框的里口开出通槽，用一横枨两头做榫镶入槽内，可以上下活动。屏框上横枨正中打孔，将一圆形木杆插入孔中，下端固定在活动横枨上。圆杆上端安一圆形木板，圆形木板下用四个托角牙支撑。

　4）镜台

　　清中期以前，中国家具没有梳妆台这一品类，只有梳妆匣或镜台，它们不是独立的家具，只是依附于其他家具上的器件。梳妆匣，如小方匣，正面对开两门，门内装数个抽屉，上面板分两块用合页接合，一边镶有镜子，可以翻转支于梳妆匣上。梳妆匣是妇女必备之物，款式、材质各有不同，但大体形状都是一样的。镜台形体较小，一般放在桌案上使用。镜台面下设小抽屉数个，面上装围子，常见的还有在台面后部装一组小屏风，屏前有活动支架，用以挂镜。

2．屏类

　1）座屏

　　座屏多陈设在居室正中的主要位置，摆放位置相对固定，分多扇和独扇。多扇座屏为大型器物，呈"八"字形。有三扇、五扇、七扇及九扇的，规律是扇数都用单数。一般中扇最高，向两边高度递减，每扇用活榫连接。屏风下的插销插在"八"字形底座上，屏风上有屏帽。独扇屏风又名插屏，是单扇屏风插在一个特制底座上的形制。底座用两条纵向木墩，正中立柱，两柱间用两道横梁连接。

　2）围屏

　　围屏多扇，可以曲折，比较轻便。又因下无底座，所以陈置时需要把它

大成

图 清式围屏

图 清式挂屏

摆成曲边形。如中部有几扇摆成直线，则两端要兜转得多一些，成围抱之势，方能摆稳。围屏之名，即由此而得。其使用情况在明清绘画中常有描绘。围屏屏扇多成偶数，或四，或六，或八，乃多至十二，更多的虽画中亦罕见。

3）挂屏

明代晚期，出现了一种悬挂在墙上的挂屏，成组成双，或二挂屏，或四挂屏。清初的挂屏，多代替画轴在墙壁上悬挂，为纯装饰性的饰物。如四扇一组称"四扇屏"，八扇一组称"八扇屏"，也有中间挂一中堂，两边各挂一副对联的。

3．几类

几类是用于满足古时候居室陈设、置物等需求的一类家具。按照它们的名字，我们可以知道其各自的用途、形制和样式，常见的有花几、香几、茶几和架几等。

1）花几

花几，早在宋朝就可看到独立的样式。明清花几应用更为广泛，形制和样式也丰富多彩。从明清绘画资料中，我们经常看到它被陈设在厅堂、书斋或寝室中，有的几上摆着别的物件，但更多的是摆放盆栽花卉、瓶花和盆景。

2）香几

香几，因其主要用于陈置炉鼎、焚香祈神而得名。按照使用需要，可暂时摆放于户外，四面临空而立，或圆或方，都以修长轻柔为特性。特别是圆香几，多挺秀委婉，形姿优美，具有较高的审美性。

3）茶几

茶几，在我国是入清以后开始风靡的家具。从明清绘画中可见，明代时，香几兼具小茶几的功能，到了清代，茶几才从香几中分离出来，演化为一个独立的新品种。一般而言，小茶几较矮，有的还做成双层式，与香几相比容易区

图 明式红木圈花几　　　　　　图 清式高束腰香几

分。茶几通常分正方形、矩形两种，高度与扶手椅的扶手相当。

4）架几

架几，又名"搁几"，是常用于承托搁板组成架几案的家具。架几案简朴单纯，气质清雅，是清晚期富贵人家所用家具，造型简练严谨，多用直线线脚，干净利落，具有很强的节奏感。

4．其他类

1）都承盘

都承盘有时写作"都丞盘""都盛盘"或"都珍盘"，是一种用以置放文具、文玩等器物的案头小型家具。从传世实物来看，它在清代时比明代更为流行，式样颇多。有的高低分层，制作繁琐；有的结构简单，线条利落。

2）甘蔗床

用于榨甘蔗汁的甘蔗床，也是一种小型家具。其造型近似板凳，而面板向一端倾斜，并开圆槽与流口相通，以便甘蔗汁自槽流入容器。凳面上植两根立柱，中加横枨。压板如一把拍子，尽端插入枨下，采用了杠杆的构造。

图 都承盘　　　　　　　　图 甘蔗床

图 滚凳

图 提盒

3）滚凳

滚凳是脚踏的一种，但和一般的脚踏不同，在明代似被看作单独的一种家具，而不一定和床相配使用。滚凳中有活动的圆轴，人坐在椅子上，把双足放在滚凳的圆轴上，正好能够按摩脚上的涌泉穴。

4）提盒

提盒又称"提食盒"，用多层平屉垒放而成，四周设有柜架，以保证屉的平稳。也有穿过上盖的铜梁，以便锁固。提盒最普遍的用途是盛放食物，用于富裕人家的旅行、郊游携带食物，也便于大户人家饮食的保温。因为大户人家的饭厅与厨房往往有一段距离，如果不用提盒，尤其是寒冷季节或刮风下雨时，饭菜从厨房端到饭厅时早已凉了。

（二）古典家具营造之杂具

本节选取中国古典家具中的宋式、明式、清式、现代中式等杂具代表性款式，并从器形点评、CAD 图示、用材效果、结构解析、部件详解、雕刻图版等角度进行深度梳理、研究和解读，以形成珍贵而翔实的图文资料。

主要解读和研究的器形如下：

（1）宋式家具：宋式花几；（2）明式家具：明式圆花几、明式三弯腿圆花几；（3）清式家具：清式拐子纹高花几、清式卷云纹高花几等；（4）现代中式家具：现代中式荷花沙发六件套、现代中式兰亭三屏风式沙发六件套等。图示资料详见 P150 ~ 260。

杂具图版

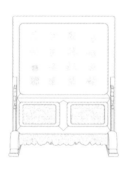

大成

宋式花几

材质：黄花梨

年款：宋代

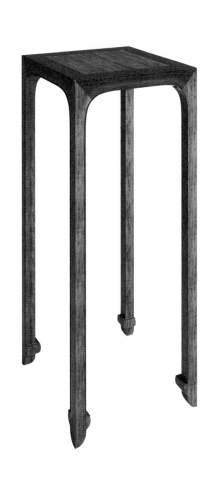

外观效果图（图示1）

1. 器形点评

    该花几原型出自宋画《盥手观花图》。花几为四面平式，几面为正方形，四腿为方材，直落至地，足端挖缺做，锼成如意勾云足。此花几整体简洁明快，素面朝天，极具美感。

2. CAD 图示

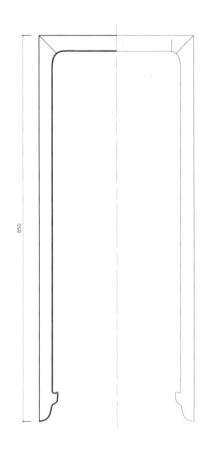

主视图

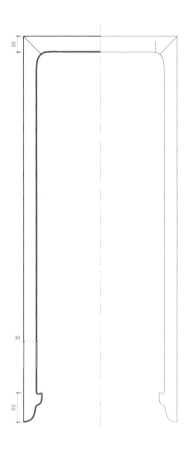

左视图

宋

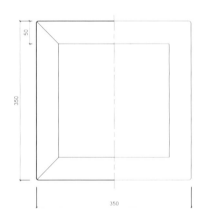

俯视图

3. 用材效果

大成

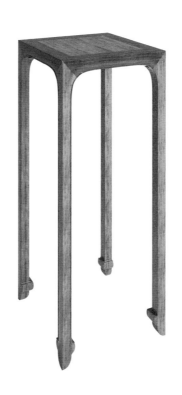

外观效果图（材质：黄花梨；图示 5）

外观效果图（材质：紫檀；图示 6）

外观效果图（材质：酸枝；图示 7）

4. 结构解析

几面
牙板
直腿

如意勾云足

整体结构图（图示 8）

宋

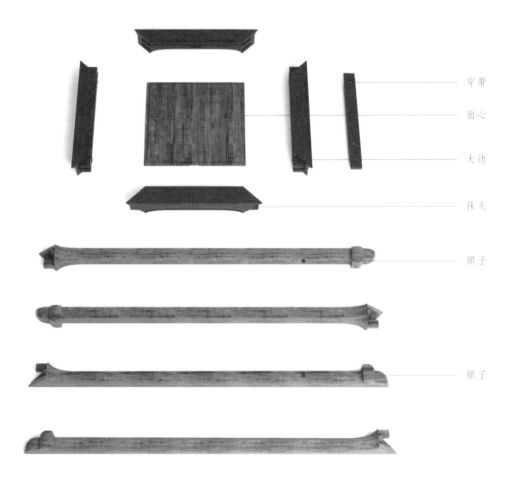

穿带
面心
大边
抹头
腿子
腿子

部件结构图（图示 9）

大成

明式圆花几

材质：黄花梨

丰款：明代

外观效果图（图示1）

1. 器形点评

此几几面呈圆形，攒框打槽装板，几面下高束腰，束腰下为卷云纹彭牙板。牙板和几腿相连，五条几腿下方连接圆形镂空云轮状屉盘。此几线条优美，弧度精巧，整体光素，古朴优雅。

2. CAD 图示

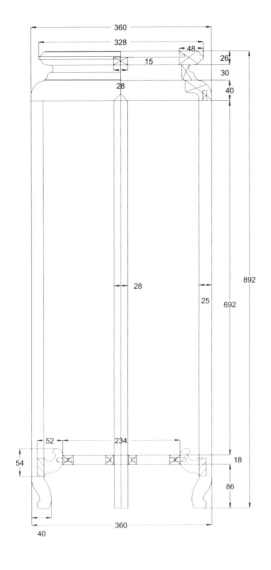

主视图

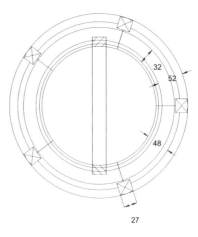

几面—俯视图

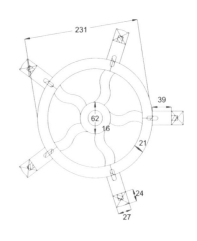

屉盘 剖视图

CAD 结构图（图示 2 ~ 4）

注：左视结构与主视相近，故省略左视图。

3. 用材效果

大成

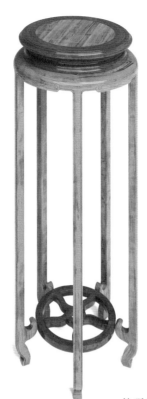

外观效果图（材质：黄花梨；图示 5）

外观效果图（材质：紫檀；图示 6）

外观效果图（材质：酸枝；图示 7）

4.结构解析

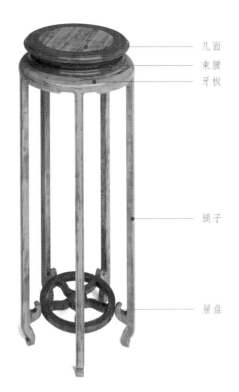

几面
束腰
牙板

腿子

屉盘

整体结构图（图示 8）

明

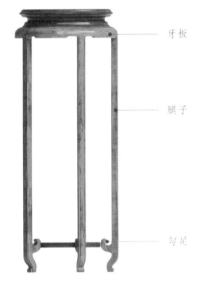

牙板

腿子

勾足

主视图

束腰

腿足

屉盘

左视图

面心

边枠

俯视图

三视结构图（图示 9～11）

明式三弯腿圆花几

材质：黄花梨

年款：明代

外观效果图（图示1）

1. 器形点评

　　此几几面呈圆形，高束腰，束腰上加矮老，两个矮老间镶透雕鱼门洞开光的绦环板。三弯腿，五条腿部作弧形装饰。壶门牙板上雕刻象征生生不息、绵绵不绝的卷草纹。几腿下安圆珠，踩在圆形托泥之上，托泥下设龟足。此几款式古典，线条舒展，古趣盎然。

2. CAD 图示

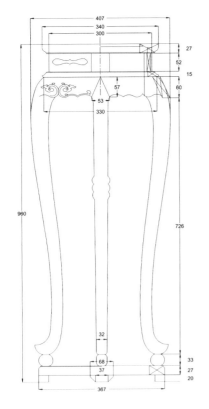

主视图

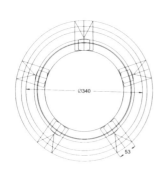

俯视图

几腿 细节图

CAD 结构图（图示 2 ~ 4）

3. 用材效果

大成

外观效果图（材质：黄花梨；图示 5）

外观效果图（材质：紫檀；图示 6）

外观效果图（材质：酸枝；图示 7）

4. 结构解析

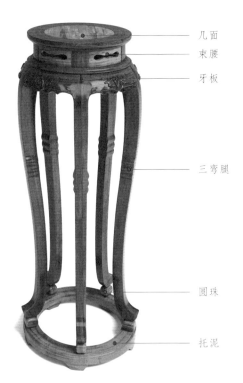

几面
束腰
牙板

三弯腿

圆珠

托泥

整体结构图（图示 8）

明

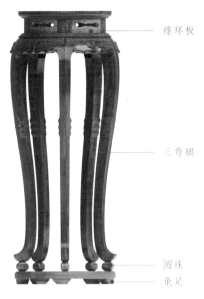

绦环板

三弯腿

圆珠
龟足

主视图

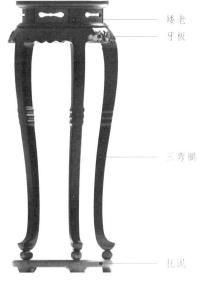

矮老
牙板

三弯腿

托泥

左视图

面心

边抹

俯视图

三视结构图（图示 9 ~ 11）

清式拐子纹高花几

材质：黄花梨

丰款：清代

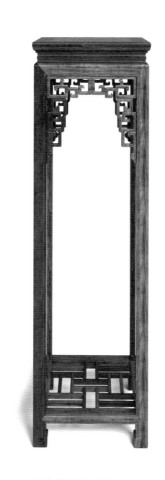

外观效果图（图示1）

1. 器形点评

此几为方面，几面下有束腰，牙条和牙头透雕拐子纹。四条腿为方材，修长竖直，足端内翻并饰回纹，腿下安横竖材攒成的十字枨屉盘。

2. CAD 图示

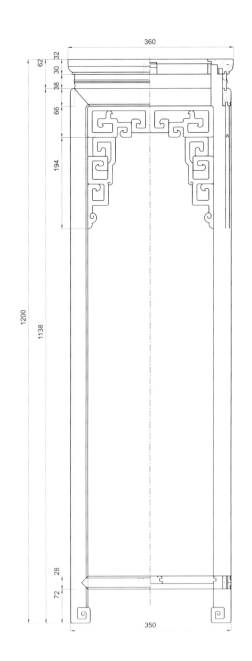

主视图

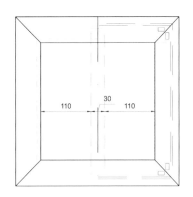

几面—俯视图

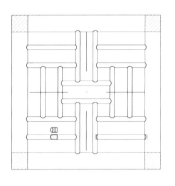

屉盘—俯视图

CAD 结构图（图示 2 ~ 4）

注：左视同主视，故省略左视图。

3. 用材效果

大成

外观效果图（材质：黄花梨；图示 5）

外观效果图（材质：紫檀；图示 6）

外观效果图（材质：酸枝；图示 7）

4. 结构解析

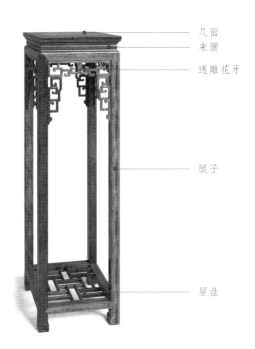

几面
束腰
透雕花牙

腿子

屉盘

整体结构图（图示 8）

清

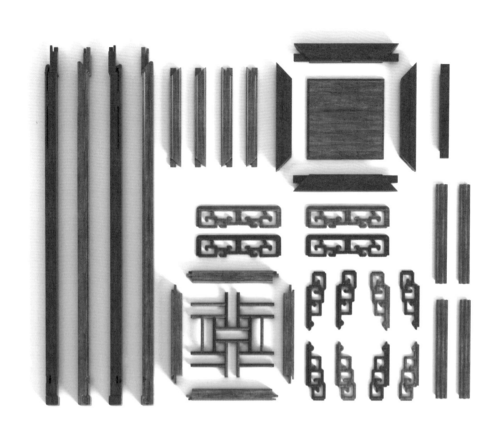

部件结构图（图示 9）

5. 部件详解

大成

穿带

大边

面心

抹头

几面分解图（图示 10）

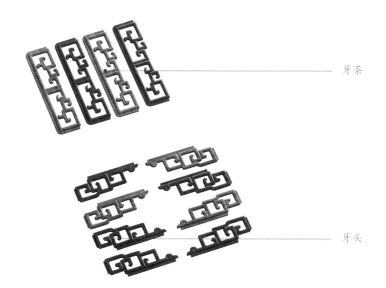

牙条

牙头

牙条和牙头分解图（图示 11）

束腰

牙板

牙板和束腰分解图（图示 12）

清

腿子

腿子

屉盘短材

管脚枨

腿足和其他分解图（图示 13）

清式卷云纹高花几

材质：黄花梨

丰款：清代

外观效果图（图示1）

1. 器形点评

　　此几几面呈正方形，几面光素，几面下有高束腰，束腰处雕象征绵延不断的回纹（详见CAD图示）。几腿上端装壶门牙板。几腿中部内收，饰以云纹，为展腿式。足端外翻如意足，下接托泥。此几造型上崇尚高雅舒展，装饰上则复古华丽，结构平稳，气势不凡。

2. CAD 图示

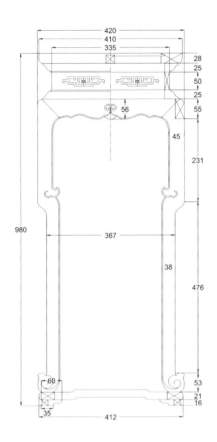

主视图

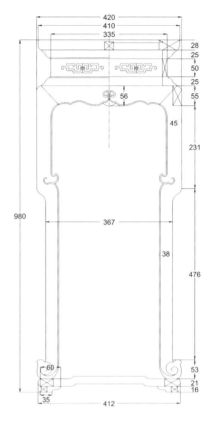

左视图

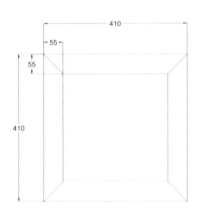

俯视图

清

3. 用材效果

大成

外观效果图（材质：黄花梨；图示 5）

外观效果图（材质：紫檀；图示 6）

外观效果图（材质：酸枝；图示 7）

4. 结构解析

几面
束腰
牙板

外翻如意足

托泥

整体结构图（图示 8）

清

几面
托腮
牙板

外翻如意足
龟足

主视图

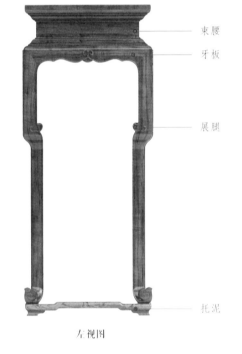

束腰
牙板

展腿

托泥

左视图

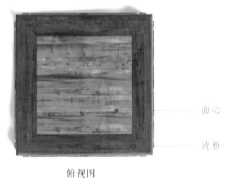

面心

边枨

俯视图

三视结构图（图示 9 ~ 11）

清式回纹香几

材质：黄花梨

年款：清代

外观效果图（图示 1）

1. 器形点评

　　此几几面为正方形，几身上下各有一个高束腰，束腰均透雕回纹。两束腰之间以四柱相连，下部束腰下间安一回纹镂空屉盘，腿足外翻。此几整体大方得体，并无多余雕饰，素净优雅。

2. CAD 图示

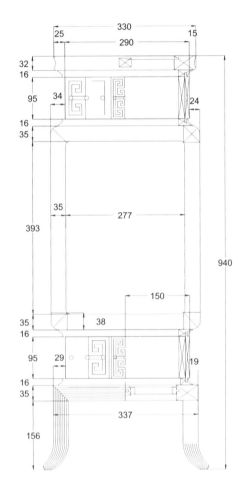

主视图

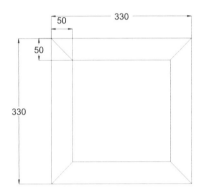

几面—俯视图

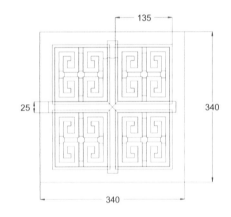

屉盘—俯视图

CAD 结构图（图示 2 ~ 4）

注：左视图同主视图，故省略左视图。

3. 用材效果

大成

外观效果图（材质：黄花梨；图示 5）

外观效果图（材质：紫檀；图示 6）

外观效果图（材质：酸枝；图示 7）

4. 结构解析

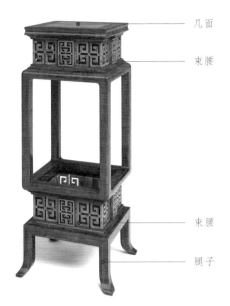

几面

束腰

束腰

腿子

整体结构图（图示 8）

清

冰盘沿

绦环板

立柱

托腮

腿子

主视图

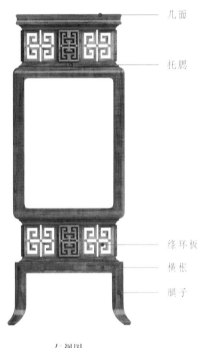

几面

托腮

绦环板

横枨

腿子

左视图

面心

边框

俯视图

侧视结构图（图示 9 ~ 11）

大成

清式福寿纹方几

材质：黄花梨
年款：清代

外观效果图（图示1）

1. 器形点评

此几几面为正方，几面下有束腰。几腿为方材，直落到地。几腿上端内侧安透雕卷云纹角牙。腿子中间有横枨，横枨间装屉板，枨下有浮雕玉宝珠纹牙板。足端内翻，雕回纹。

2. CAD 图示

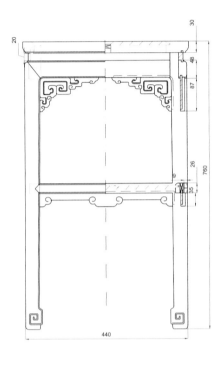

主视图

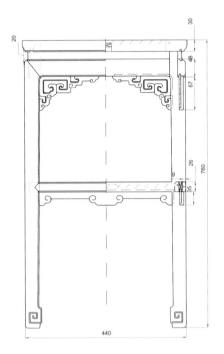

左视图

清

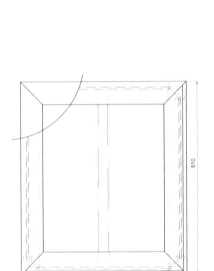

俯视图

CAD 结构图（图示 2～4）

3. 用材效果

大成

外观效果图（材质：黄花梨；图示 5）

外观效果图（材质：紫檀；图示 6）

外观效果图（材质：酸枝；图示 7）

4. 雕刻图版

※ 清式福寿纹方儿雕刻技艺图

序号	名称	雕刻技艺图	应用部位
1	拐子纹	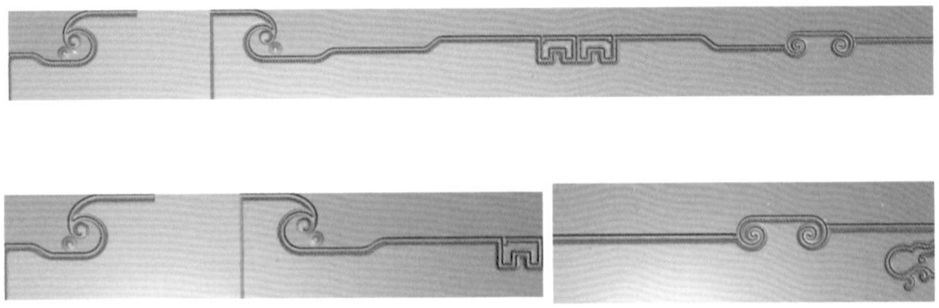	牙板
2	卷勾纹		背板
3	回纹角花		牙板

清

雕刻技艺图（图示 8 ~ 12）

清式灯架

材质：黄花梨

年款：清代

外观效果图（图示1）

1. 器形点评

　　此灯架是典型的屏座式灯架，由灯杆和底座组成。此灯架既可不依桌案，又可随意移动，不仅是古代室内照明用具之一，还具有陈设作用。灯架的底座正中安插立柱，前后左右有站牙抵夹，灯杆插入木柱圆孔中，上有圆形承托，托下有牙角相承。

2. CAD 图示

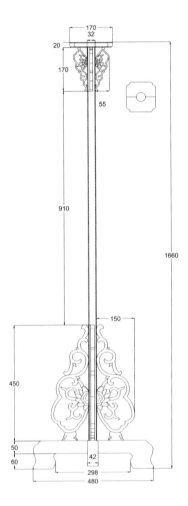

主视图

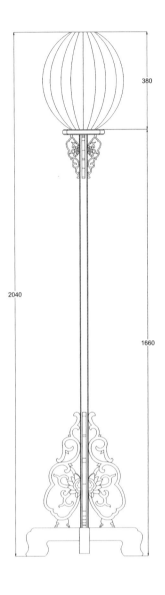

左视图

清

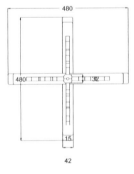

底座　剖视图

承托　俯视图

CAD 结构图（图示 2 ~ 5）

3. 用材效果

大成

外观效果图（材质：黄花梨；图示 6）

外观效果图（材质：紫檀；图示 7）

外观效果图（材质：酸枝；图示 8）

4.结构解析

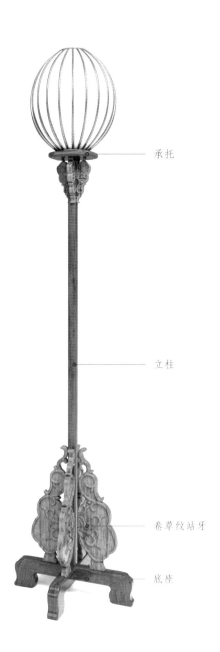

整体结构图（图示 9）

承托

立柱

卷草纹站牙

底座

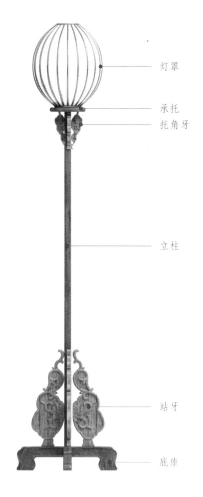

主视图

灯罩

承托

托角牙

立柱

站牙

底座

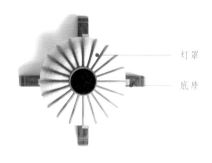

俯视图

灯罩

底座

主视结构图（图示 10 ～ 11）

清

注：右视结构同主视，故省略右视图。

清式龙纹衣架

材质：黄花梨

年款：清代

外观效果图（图示 1）

1. 器形点评

　　此衣架上横杆上凸，形似罗锅枨，两端雕出须发飘动的龙首。中部牌子分三段嵌装绦环板，雕双龙戏珠纹。两根立柱下端由立体雕龙站牙抵夹，立柱下为如意云头式抱鼓墩。中牌子下部和立柱、底墩间有横枨，横枨下有拐子纹角牙。

2. CAD 图示

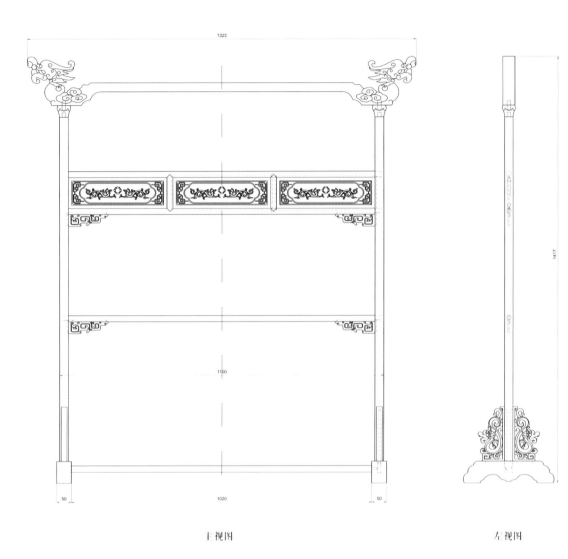

主视图   左视图

清

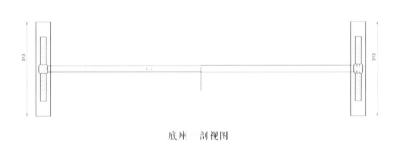

底座 剖视图

CAD 结构图（图示 2 ~ 4）

3. 用材效果

大成

外观效果图（材质：黄花梨；图示 5）

外观效果图（材质：紫檀；图示 6）

外观效果图（材质：酸枝；图示 7）

4. 结构解析

雕龙头

中牌子

托角牙

站牙

整体结构图（图示 8）

清

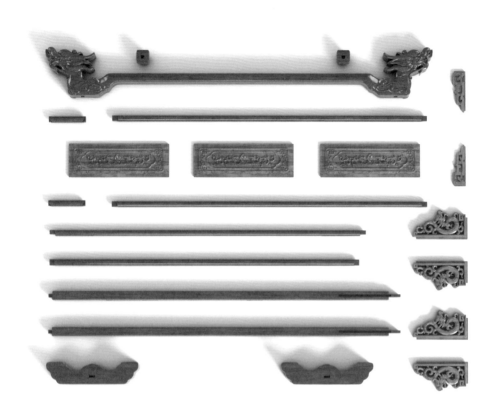

部件结构图（图示 9）

5. 部件详解

大成

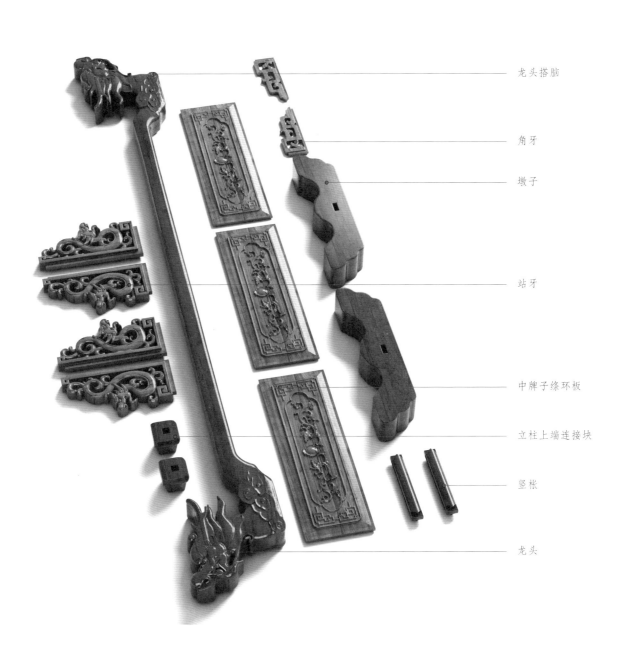

龙头搭脑

角牙

墩子

站牙

中牌子绦环板

立柱上端连接块

竖枨

龙头

立柱

底枨

横枨（中牌子）

立柱

清

大成

清式凤首衣架

材质：黄花梨

年款：清代

外观效果图（图示1）

1. 器形点评

　　此衣架由两根立柱支撑顶部一根横杆构成,横杆两端出头,两头微向上翘,雕成夔凤凤首。下部用两横木墩以稳定立柱,以站牙抵夹立柱,中间安一中牌子,分三段装绦环板,中牌子下装饰拐子纹角牙。中牌子下另安一横枨,起加固作用。

2. CAD 图示

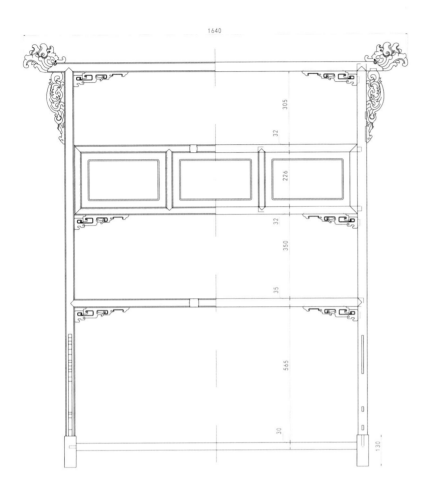

1640

305

32

226

32

350

35

565

30

130

主视图

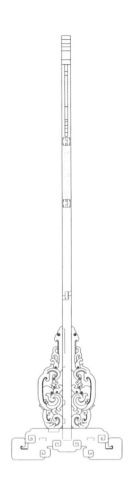

清

左视图

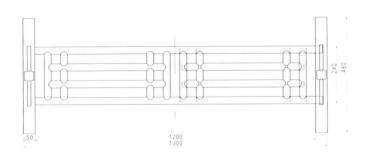

240

480

50

1200
1300

底座 俯视图

CAD 结构图（图示 2 ~ 4）

3. 用材效果

大成

外观效果图（材质：黄花梨；图示 5）

外观效果图（材质：紫檀；图示 6）

外观效果图（材质：酸枝；图示 7）

4. 结构解析

凤首

中牌子

角牙

横枨

站牙

屉盘

整体结构图（图示 8）

清

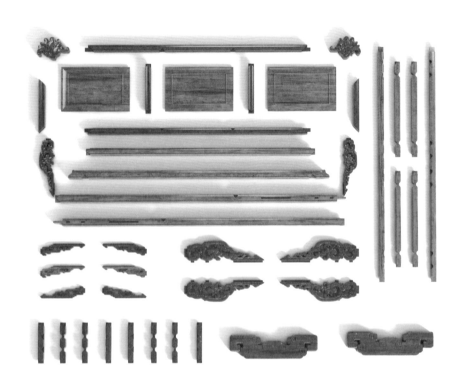

部件结构图（图示 9）

5. 部件详解

大成

立柱

挂牙

站牙

角牙

立柱和牙子分解图（图示10）

屉盘横枨

墩子

楗格

屉盘和墩子分解图（图示11）

清

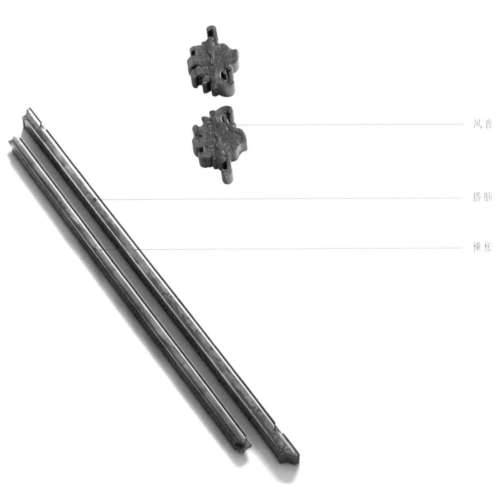

凤首

搭脑

横枨

搭脑和横枨分解图（图示12）

大成

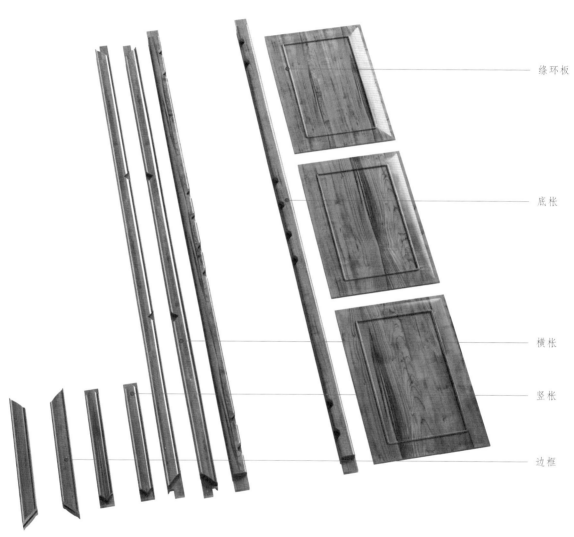

绦环板

底枨

横枨

竖枨

边框

中牌子分解图（图示 13）

6. 雕刻图版

※ 清式凤首衣架雕刻技艺图

序号	名称	雕刻技艺图	应用部位
1	拐子纹		角牙
2	凤首纹		搭脑出头
3	卷草纹		站牙
4	卷草纹		挂牙
5	回纹		墩子

清式龙凤纹衣帽架

材质：黄花梨

年款：清代

外观效果图（图示1）

1. 器形点评

此衣帽架下方是一方形木台，上接一立柱，立柱上立面有拐子龙纹挂钩，用以悬挂服装。

2. CAD 图示

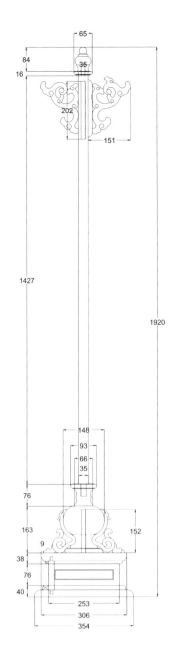

主视图

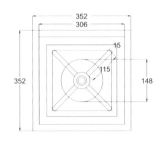

剖视图

清

注：右视结构简单，故省略右视图。

3. 用材效果

大成

外观效果图（材质：黄花梨；图示 4）

外观效果图（材质：紫檀；图示 5）

外观效果图（材质：酸枝；图示 6）

4. 结构解析

挂钩

立柱

底座

整体结构图（图示 7）

清

柱头

挂钩

立柱

站牙

束腰

主视图

底座

柱头

俯视图

挂钩

立柱

左视图

三视结构图（图示 8 ~ 10）

5. 雕刻图版

※ 清式龙凤纹衣帽架雕刻技艺图

序号	名称	雕刻技艺图	应用部位
1	凤纹	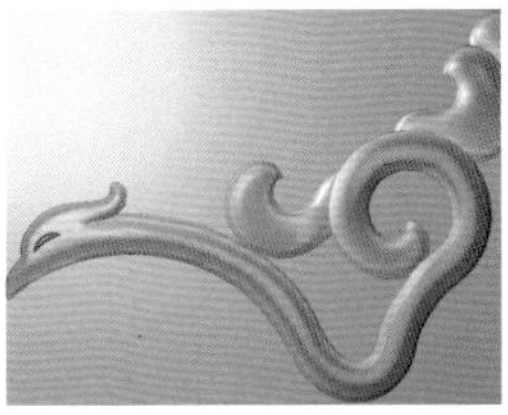	站牙
2	龙纹	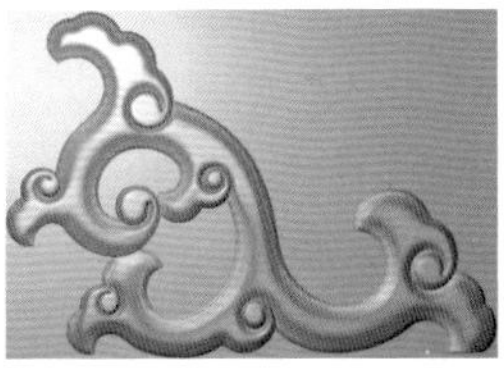	挂钩

雕刻技艺图（图示 11 ~ 12）

清式云龙纹笔架

材质：黄花梨

年款：清代

外观效果图（图示1）

1. 器形点评

  此笔架横杆两端出头，雕出向上的立体圆雕龙头，灵韵生动。横杆上是二龙戏珠纹帽状装饰，线条流畅，雕工精致。墩子厚重，上植立柱，两根立柱前后由站牙抵夹。两墩之间装披水牙子，雕如意纹和卷草纹，雕花精美。牙板之上两侧是透空万字纹的绦环板，中间为浮雕"福"字的花板。整器形态灵巧，雕工细致，精美隽永。

2. CAD 图示

大
成

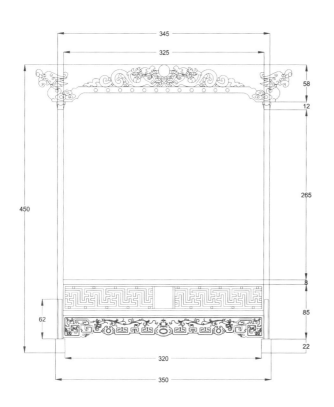

主视图

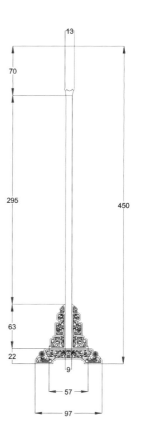

左视图

CAD 结构图（图示 2 ~ 3）

注：俯视结构简单，故省略俯视图。

3. 用材效果

外观效果图（材质：黄花梨；图示4）

清

外观效果图（材质：紫檀；图示5）

外观效果图（材质：酸枝；图示6）

4.结构解析

大成

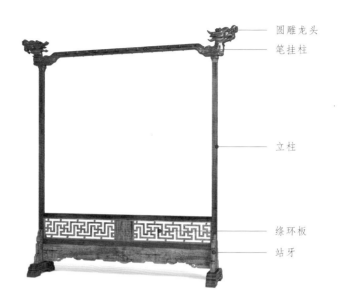

圆雕龙头
笔挂柱

立柱

绦环板
站牙

整体结构图（图示 7）

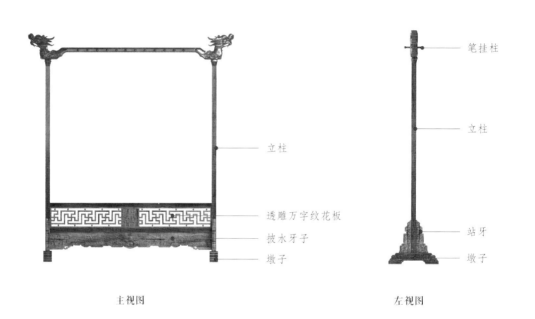

立柱

透雕万字纹花板
披水牙子
墩子

主视图

笔挂柱

立柱

站牙
墩子

左视图

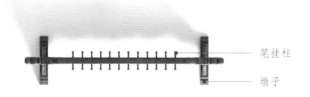

笔挂柱

墩子

俯视图

三视结构图（图示 8 ~ 10）

5. 雕刻图版

※ 清式云龙纹笔架雕刻技艺图

序号	名称	雕刻技艺图	应用部位
1	龙头		搭脑出头
2	拐子纹、卷草纹		站牙
3	卷草纹、如意纹		墩子
4	拐子纹、卷草纹、玉宝珠纹、宝石如意纹		披水牙子

清

雕刻技艺图（图示 11 ~ 14）

现代中式荷花沙发六件套

材质：黄花梨

年款：现代

大成

外观效果图（图示1）

1. 器形点评

　　此套沙发家具由三人沙发、双人沙发、单人沙发、茶几、香几和炕桌组成。沙发外形呈宝座样式，搭脑雕有缠枝莲纹样，靠背围子外缘雕卷草纹，中心雕荷花图案。座面下有束腰，束腰处雕西番莲纹、鼓腿彭牙、整体雕卷草纹。腿下有托泥，托泥下接龟足。茶几、香几和炕桌都为有束腰、鼓腿彭牙、内翻马蹄足、有托泥造型。整套家具雕饰繁复华丽，造型优美，富丽堂皇。

2. CAD 图示

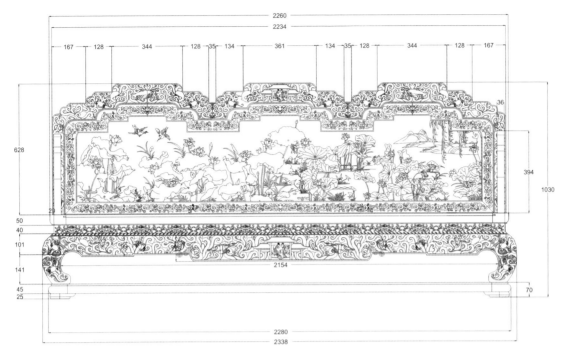

三人沙发－主视图

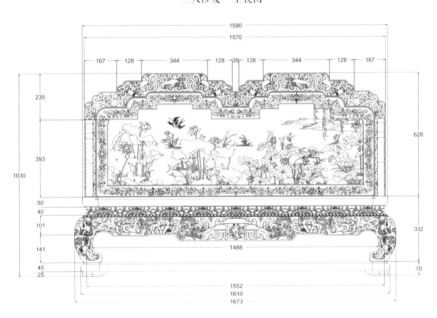

双人沙发　主视图

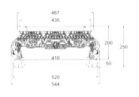

炕桌　主视图

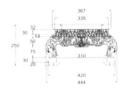

炕桌　左视图

CAD 结构图（图示 2 ~ 5）

注：俯视结构简单，故省略俯视图。三人沙发和双人沙发的左视图与单人沙发左视图相同。

大成

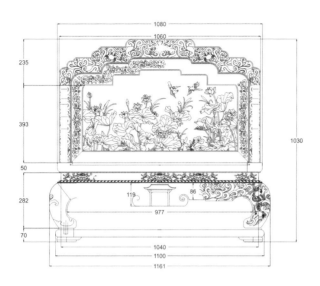

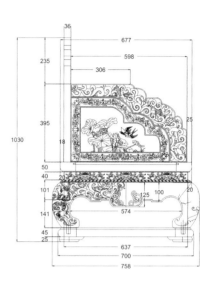

单人沙发－主视图   单人沙发－左视图

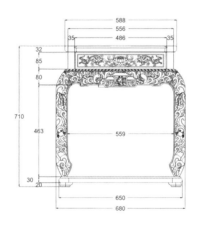

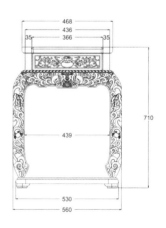

香儿－主视图   香儿－左视图

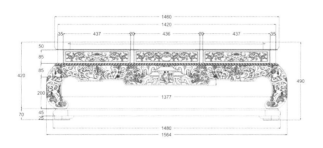

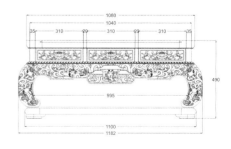

茶儿－主视图   茶儿－左视图

CAD 结构图（图示 6 ~ 11）

注：俯视结构简单，故省略俯视图。

3. 用材效果

外观效果图（材质：黄花梨；图示 12）

外观效果图（材质：紫檀；图示 13）

外观效果图（材质：酸枝；图示 14）

4. 结构解析

大成

搭脑

靠背围子

扶手围子

牙板

托泥

整体结构图（图示 15）

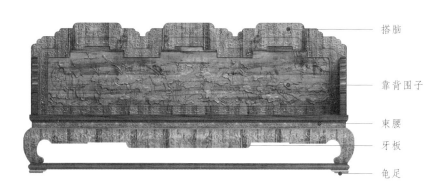

搭脑

靠背围子

束腰

牙板

龟足

三人沙发－主视图

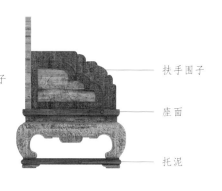

扶手围子

座面

托泥

三人沙发－左视图

抹头

面心

大边

三人沙发－俯视图

三视结构图（图示 16 ～ 18）

— 搭脑

— 束腰

— 托泥

整体结构图（图示 19）

现

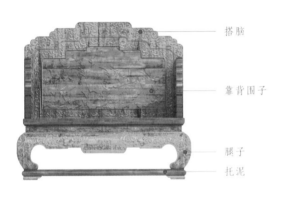

— 搭脑

— 靠背围子

— 腿子
— 托泥

单人沙发——主视图

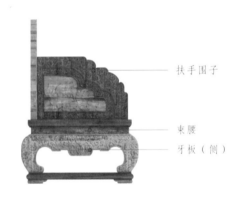

— 扶手围子

— 束腰
— 牙板（侧）

单人沙发——左视图

— 抹头
— 面心

— 大边

单人沙发——俯视图

大成

靠背围子

炕桌

牙板

托泥

整体结构图（图示 23）

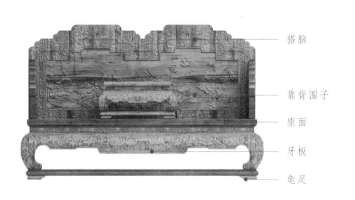

搭脑

靠背围子

座面

牙板

龟足

双人沙发－主视图

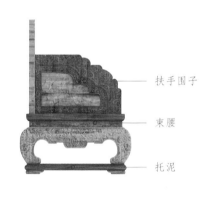

扶手围子

束腰

托泥

双人沙发－左视图

抹头

面心

大边

双人沙发－俯视图

三视结构图（图示 24 ～ 26）

束腰

牙板

腿子

托泥

整体结构图（图示 27）

绦环板

牙板

龟足

茶几—主视图

矮老

腿子

托泥

茶几—左视图

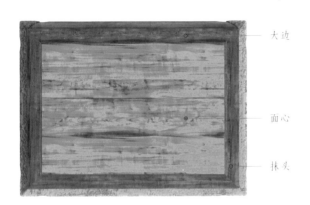

大边

面心

抹头

茶几　俯视图

视结构图（图示 28 ～ 30）

大
成

束腰

洼堂肚牙板

托泥

整体结构图（图示 31）

桌面

牙板

龟足

炕桌－主视图

束腰

牙板（侧）

托泥

炕桌－左视图

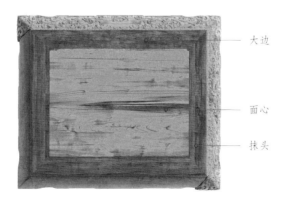

大边

面心

抹头

炕桌－俯视图

三视结构图（图示 32 ~ 34）

抽屉
牙板
腿足
托泥

整体结构图（图示 35）

抽屉

托泥

香几—主视图

绦环板
牙板（侧）

龟足

香几—左视图

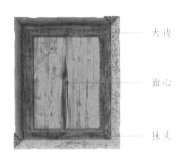

大边

面心

抹头

香几—俯视图

俯视结构图（图示 36 ~ 38）

5. 雕刻图版

大成

※ 现代中式荷花沙发六件套雕刻技艺图

序号	名称	雕刻技艺图	应用部位
1	荷花翠鸟图		扶手围子镶板（沙发）
2	荷花翠鸟图		靠背围子镶板（单人沙发）
3	缠枝莲纹、卷草纹		扶手边框（沙发）
4	荷花图		靠背围子镶板（三人沙发）

序号	名称	雕刻技艺图	应用部位
5	荷花翠鸟图		靠背围子镶板（双人沙发）
6	缠枝莲纹		搭脑（沙发）
7	卷草纹		靠背围子下边框（沙发）
8	缠枝莲纹		束腰（沙发）
9	卷草纹		牙板（双人沙发）
10	卷云纹		腿子

现代中式兰亭三屏风式沙发六件套

材质：黄花梨

丰款：现代

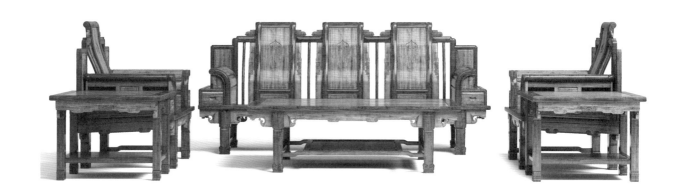

外观效果图（图示1）

1. 器形点评

　　此套家具由三人沙发、单人沙发、茶几和小方几组成。三人沙发靠背分为三屏，每屏为三弯形，弧度自然，屏与屏中间装三弯竖棖，靠背板光素，仅在靠背板上方雕有如意云头开光装饰。沙发搭脑呈卷书状，两侧以回纹角牙和靠背板相连。沙发扶手略有弧度，形状优美。沙发座面下装四腿，缩进座面安装，腿间有牙板，座面与两侧腿足外侧安角牙，皆装饰勾云纹。整套家具清新优雅，端庄大气。

2. CAD 图示

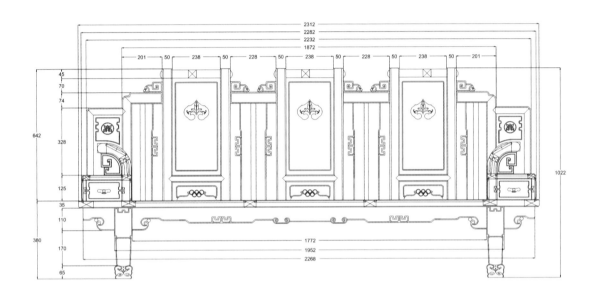

三人沙发—主视图

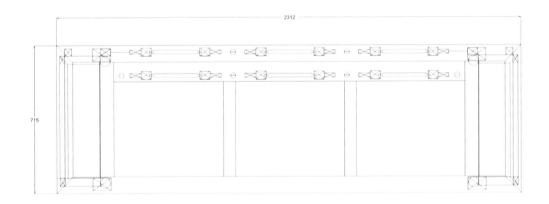

三人沙发 剖视图

CAD 结构图（图示 2 ~ 3）

大成

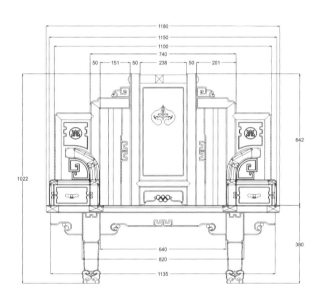

单人沙发－主视图

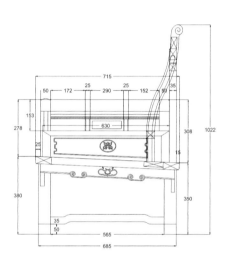

单人沙发－右视图

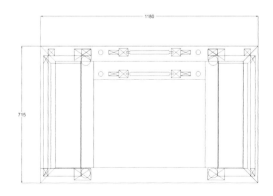

单人沙发－剖视图

CAD 结构图（图示 4 ～ 6）

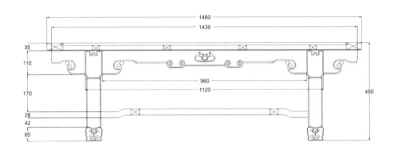

茶几－主视图

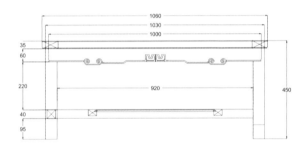

茶几－左视图

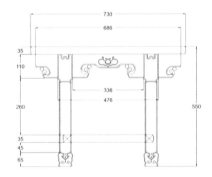

小方几　主视图

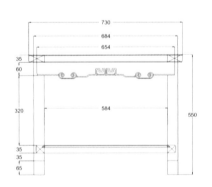

小方几　左视图

CAD 结构图（图示 7 ~ 10 ）

注：茶几和小方几俯视结构简单，故省略俯视图。

3. 用材效果

大
成

外观效果图（材质：黄花梨；图示 11）

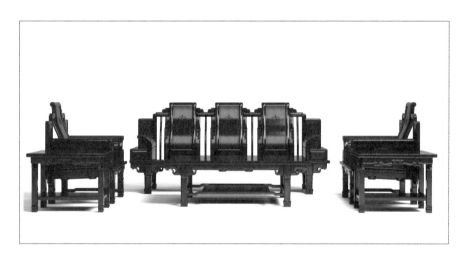

外观效果图（材质：紫檀；图示 12）

外观效果图（材质：酸枝；图示 13）

4. 结构解析

整体结构图（图示 14）

搭脑
靠背
扶手
挂牙
罗锅枨

现

三人沙发　主视图

搭脑
靠背板
抽屉
牙板
腿足

三人沙发　左视图

扶手
罗锅枨

三人沙发　俯视图

靠背
扶手
座面

大成

角牙
靠背
扶手
抽屉
牙板
罗锅枨

整体结构图（图示 18）

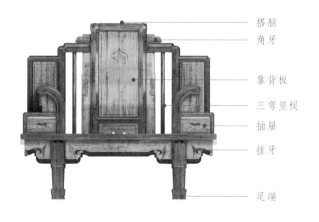

搭脑
角牙

靠背板
三弯竖棍
抽屉
挂牙

足端

单人沙发－主视图

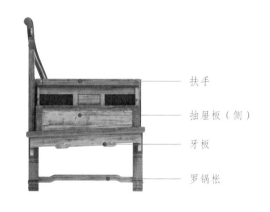

扶手
抽屉板（侧）
牙板
罗锅枨

单人沙发－左视图

抹头
面心
大边

单人沙发－俯视图

三视结构图（图示 19～21）

牙板

屉板

罗锅枨

整体结构图（图示 22）

现

牙板

腿足

罗锅枨

茶几—主视图

牙板（侧）

横枨（侧）

茶几—左视图

大边

抹头

面心

茶几—俯视图

大成

牙板

腿子

管脚枨

足端

几面

挂牙

管脚枨

小方几 - 主视图

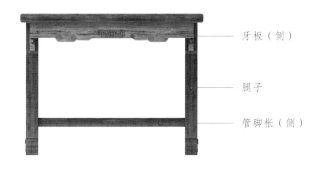

牙板（侧）

腿子

管脚枨（侧）

小方几 - 左视图

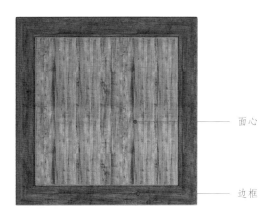

面心

边框

小方几 - 俯视图

三视结构图（图示 27 ～ 29）

5. 雕刻图版

※ 现代中式兰亭三屏风式沙发六件套雕刻技艺图

序号	名称	雕刻技艺图	应用部位
1	卷云纹、回纹	  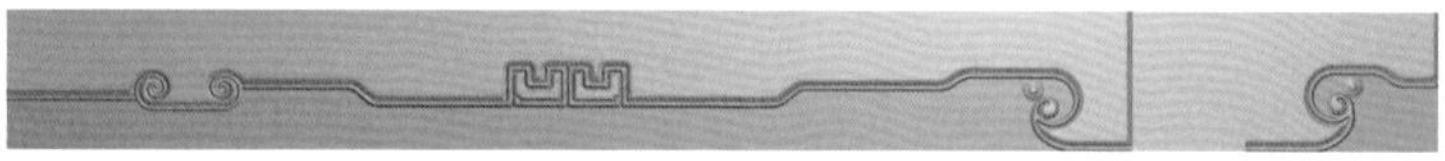	牙板
2	寿字纹		靠背两侧装板、扶手抽屉侧板（沙发）
3	勾云拐子纹		扶手下角牙（沙发）
4	回纹拐子		靠背角牙（沙发）
5	如意云头纹		靠背板中间（沙发）

雕刻技艺图（图示 30～36）

大成

现代中式金玉满堂沙发八件套

材质：黄花梨

年款：现代

外观效果图（图示1）

1. 器形点评

　　此套家具由三人沙发、单人沙发、茶几、小方几组成。三人沙发搭脑呈卷书状，搭脑的两旁用如意形角牙装饰。靠背采用攒接拐子纹，点缀磬纹、中夹圆形花板和方形绦环板，组成一方两圆的靠背围子，在正中的靠背板处雕刻聚宝盆、宝瓶、杂宝等纹饰，还选择了古朴典雅的博古线在背板和扶手处做了镂空处理。座面之下四条腿子为凸混面，腿足与牙板以回纹装饰，腿间装罗锅枨，枨上加卡子花。单人沙发、茶几、小方几与三人沙发同制。整套家具大气稳重，光彩眩目。

2. CAD 图示

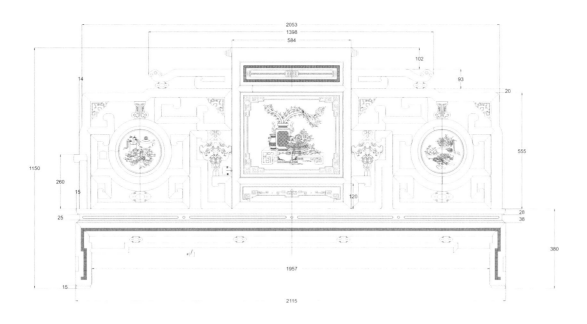

三人沙发－主视图

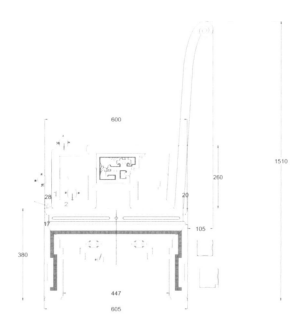

三人沙发－右视图

CAD 结构图（图示 2 ~ 3）

注：俯视结构简单，故省略俯视图，左同。

大成

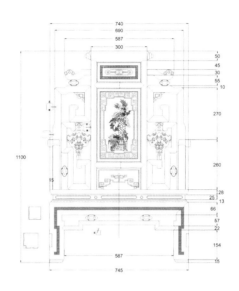

单人沙发－主视图

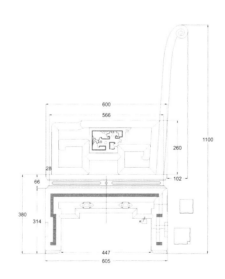

单人沙发－右视图

CAD 结构图（图示 4～5）

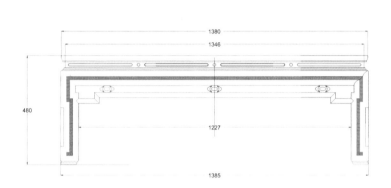

茶几－主视图

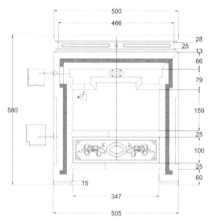

小方几－主视图

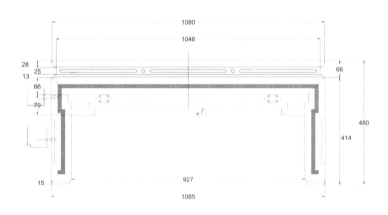

茶几－左视图

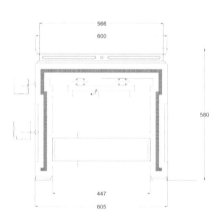

小方几－左视图

CAD 结构图（图示 6 ～ 9）

现

3. 用材效果

大成

外观效果图（材质：黄花梨；图示 10）

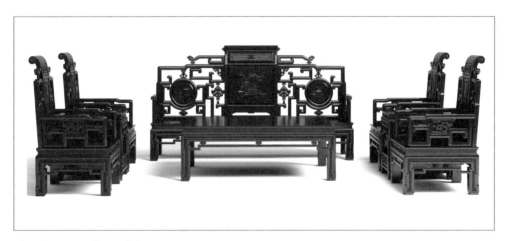

外观效果图（材质：紫檀；图示 11）

外观效果图（材质：酸枝；图示 12）

4. 结构解析

搭脑

靠背边框

卡子花

罗锅枨

整体结构图（图示 13）

现

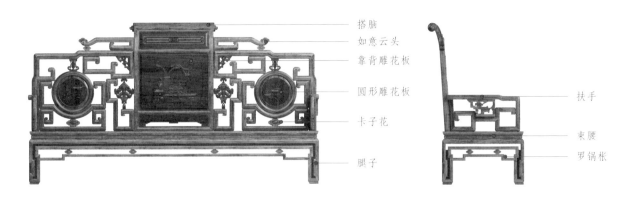

搭脑
如意云头
靠背雕花板
圆形雕花板
卡子花
腿子

扶手
束腰
罗锅枨

三人沙发—主视图

三人沙发—左视图

抹头

面心

大边

三人沙发—俯视图

三视结构图（图示 14 ~ 16）

大成

如意云头
角牙
亮脚
束腰
罗锅枨

整体结构图（图示17）

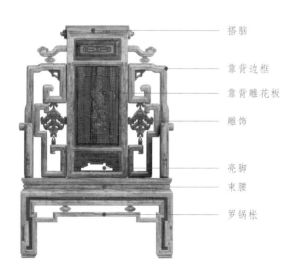

搭脑
靠背边框
靠背雕花板
雕饰
亮脚
束腰
罗锅枨

单人沙发－主视图

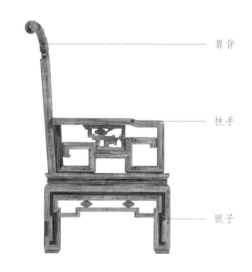

靠背
扶手
腿子

单人沙发－左视图

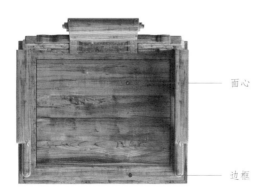

面心
边框

单人沙发－俯视图

三视结构图（图示18～20）

束腰

罗锅枨

腿子

回纹线脚

整体结构图（图示 21）

现

几面

卡子花

回纹线脚

抽屉面板

小方几—主视图

束腰

卡子花

抽屉侧板

小方几—左视图

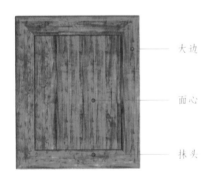

大边

面心

抹头

小方几　俯视图

三视结构图（图示 22 ～ 24）

大成

束腰

卡子花
罗锅枨

腿子

整体结构图（图示 25）

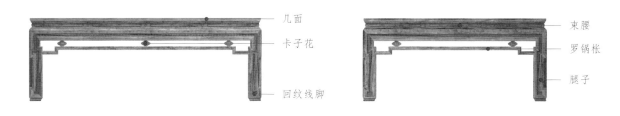

几面

卡子花

回纹线脚

茶几－主视图

束腰

罗锅枨

腿子

茶几－左视图

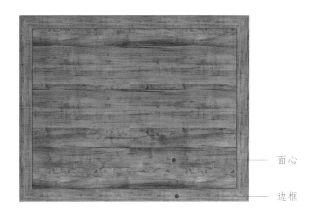

面心

边框

茶几－俯视图

三视结构图（图示 26 ～ 28）

5. 雕刻图版

※ 现代中式金玉满堂沙发八件套雕刻技艺图

序号	名称	雕刻技艺图	应用部位
1	岁朝图	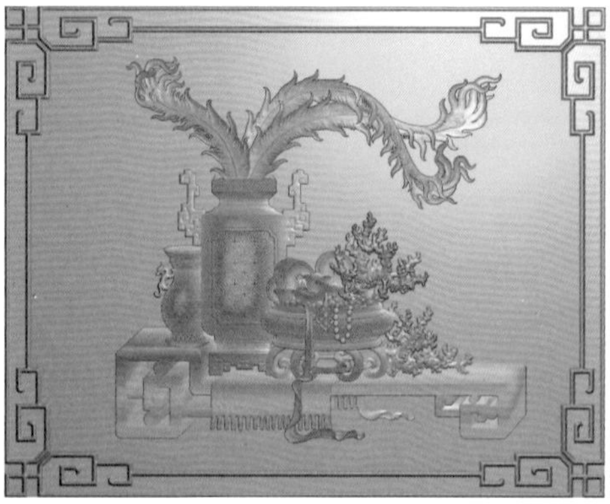	靠背方形雕花板（三人沙发）
2	博古纹	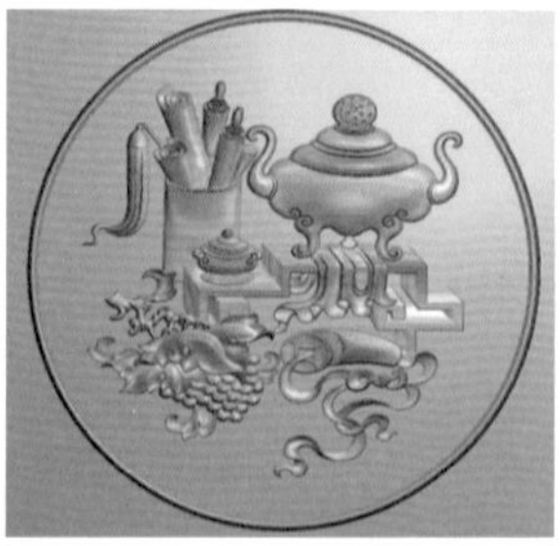 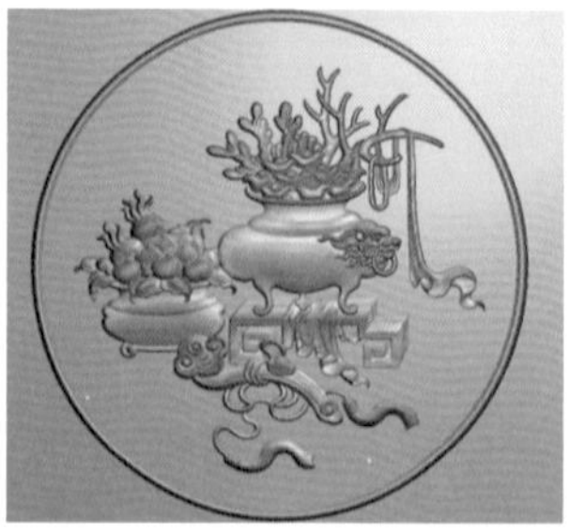	靠背圆形雕花板（三人沙发）
3	岁朝图	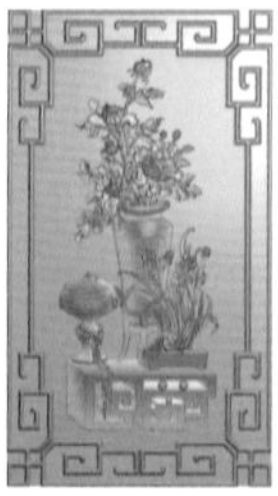 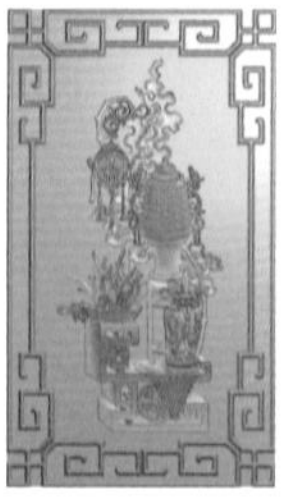 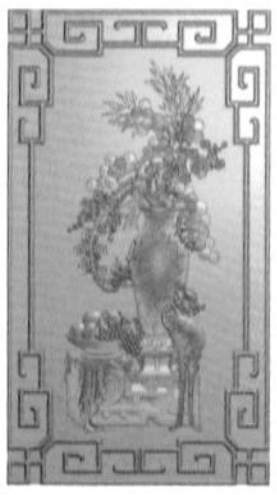 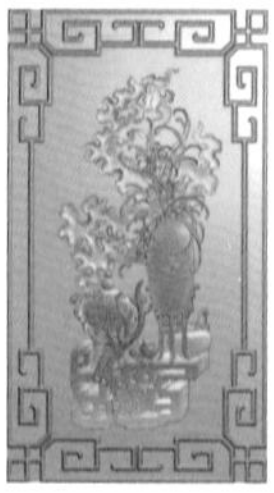	靠背雕花板（单人沙发）
4	杂宝纹	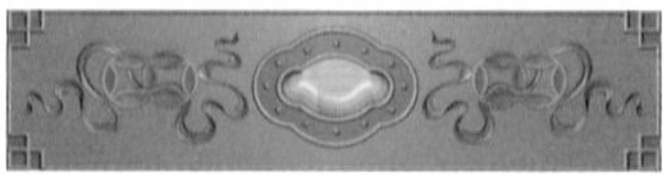	抽屉脸（小方几）

雕刻技艺图（图示 29 ～ 36）

大成

现代中式云龙纹沙发九件套

材质：黄花梨

年款：现代

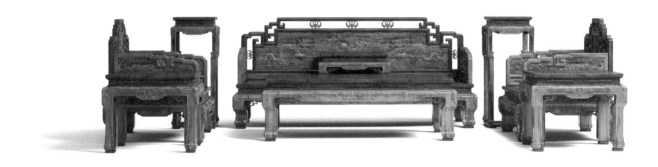

外观效果图（图示1）

1. 器形点评

　　此套家具由三人沙发、单人沙发、茶几、小方几、香几和炕桌组成。沙发搭脑上端安拐子纹状横枨，镶蝙蝠纹卡子花，靠背和扶手镶板皆雕云龙纹，纹饰生动有力。座面下有高束腰，束腰上有炮仗洞开光。三弯腿，腿肩处和足端雕卷云纹。牙板雕蝙蝠纹和卷草纹，角牙为镂空的回纹。茶几高束腰，云纹三弯腿，几面光素，仅刻一条"拦水线"。整套家具端庄大气，繁复精美，气势恢宏。

2. CAD 图示

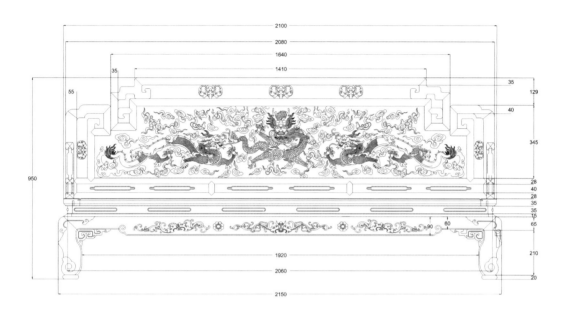

三人沙发－主视图

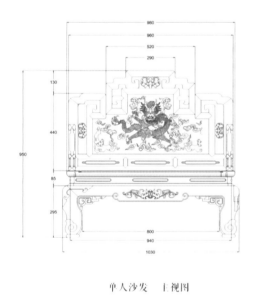

单人沙发　主视图

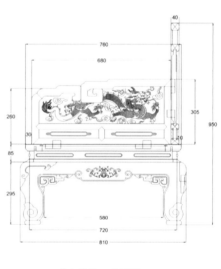

单人沙发　右视图

CAD 结构图（图示 2～4）

现

大成

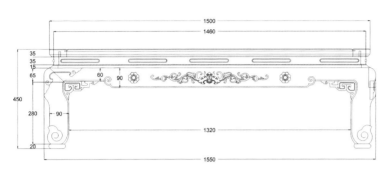

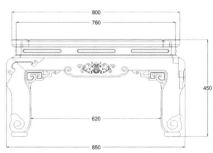

茶几－主视图   茶几－左视图

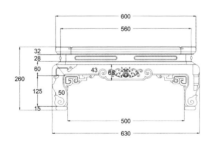

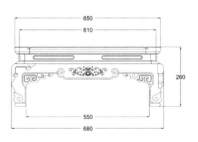

炕桌－主视图   炕桌－左视图

CAD 结构图（图示 5 ~ 8）

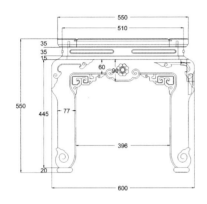

小方儿－主视图

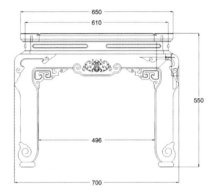

小方儿－左视图

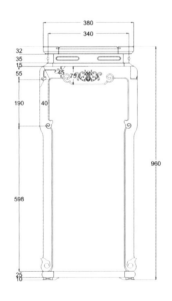

香儿　主视图

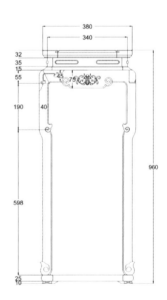

香儿　左视图

现

3. 用材效果

大成

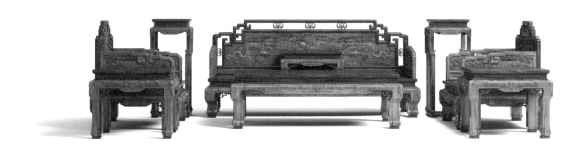

外观效果图（材质：黄花梨；图示13）

外观效果图（材质：紫檀；图示14）

外观效果图（材质：酸枝；图示15）

4.结构解析

整体结构图（图示16）

现

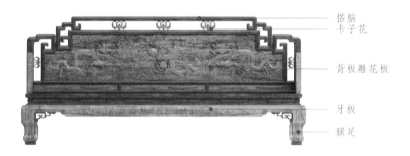

三人沙发—主视图

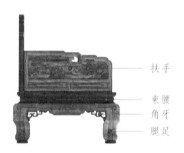

三人沙发 左视图

三人沙发 俯视图

大成

————卡子花

————靠背
————扶手

————束腰

————角牙
————腿子

整体结构图（图示 20）

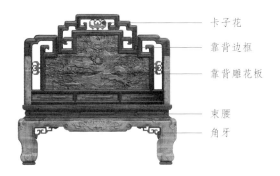

————卡子花
————靠背边框

————靠背雕花板

————束腰
————角牙

单人沙发－主视图

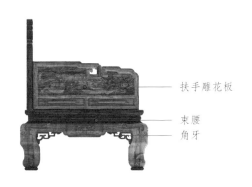

————扶手雕花板

————束腰
————角牙

单人沙发－左视图

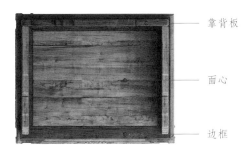

————靠背板

————面心

————边框

单人沙发－俯视图

三视结构图（图示 21 ～ 23）

束腰

角牙

整体结构图（图示 24 ）

现

桌面

牙板

龟足

炕桌—主视图

束腰

角牙

腿子

炕桌—左视图

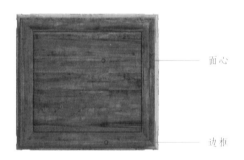

面心

边框

炕桌 俯视图

大成

束腰

角牙

腿子

整体结构图（图示 28）

几面

角牙

腿子

茶几－主视图

束腰

牙板

茶几－左视图

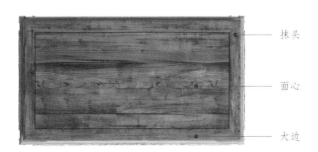

抹头

面心

大边

茶几－俯视图

三视结构图（图示 29 ~ 31）

束腰

腿子

托泥

整体结构图（图示 32）

几面

牙板

展腿

腿子

托泥

香几 主视图

束腰

腿子

龟足

香几 左视图

面心

边框

香几 俯视图

三视结构图（图示 33 ~ 35）

大成

束腰

角牙

腿子

龟足

整体结构图（图示36）

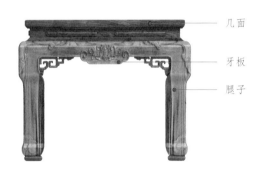

几面

牙板

腿子

小方几－主视图

束腰

角牙

龟足

小方几－左视图

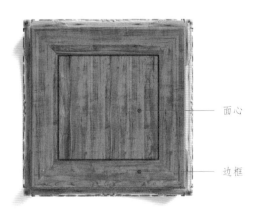

面心

边框

小方几－俯视图

5. 雕刻图版

※ 现代中式云龙纹沙发九件套雕刻技艺图

序号	名称	雕刻技艺图	应用部位
1	云龙纹	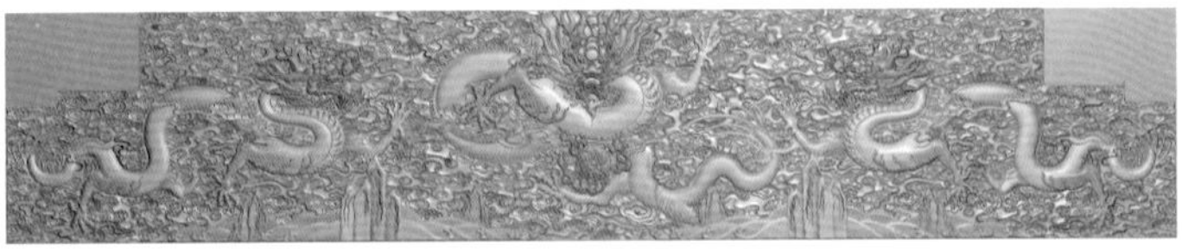	靠背镶板（三人沙发）
2	云龙纹	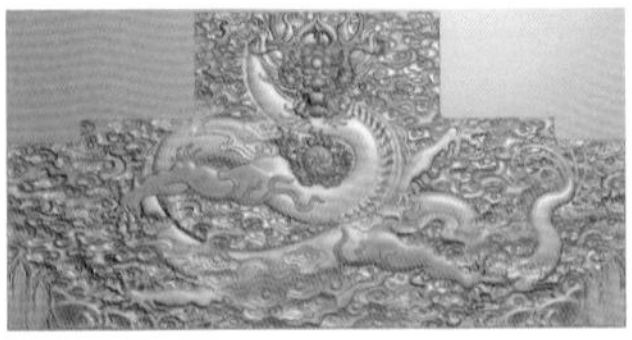	靠背镶板（单人沙发）
3	云龙纹	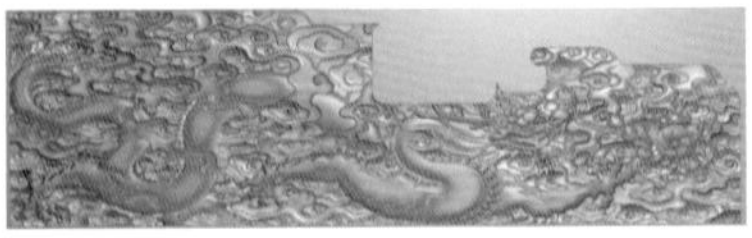	扶手（沙发）
4	蝙蝠纹、卷草纹	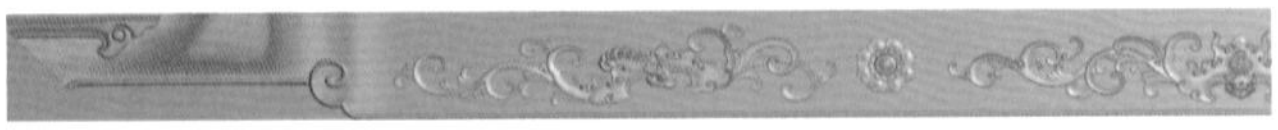	牙板（三人沙发）
5	蝙蝠纹、卷草纹	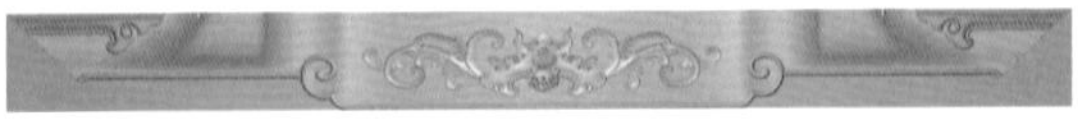	侧牙板（三人沙发）
6	蝙蝠纹、卷草纹	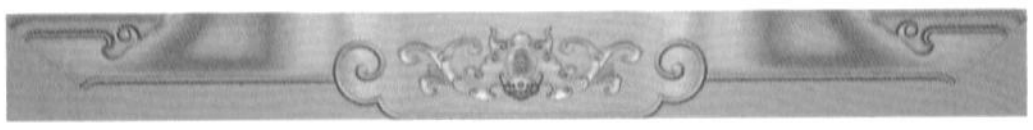	牙板（单人沙发）
7	蝙蝠纹、卷草纹	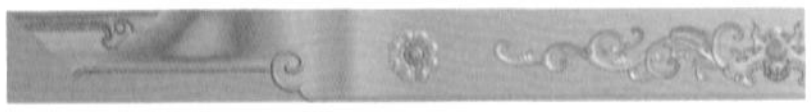	牙板（茶几）
8	蝙蝠纹、卷草纹	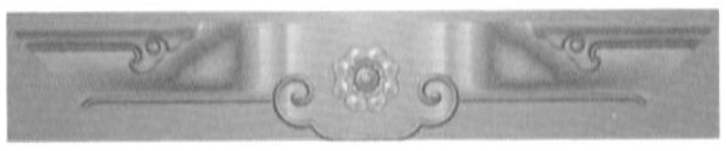	牙板（小方几）
9	蝙蝠纹、卷草纹	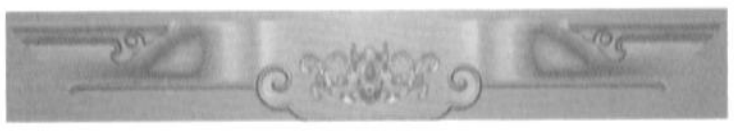	牙板（香几）

雕刻技艺图（图示40～48）

现代中式竹节纹沙发六件套

材质：黄花梨

丰款：现代

外观效果图（图示1）

1. 器形点评

　　此套家具由三人沙发、单人沙发、茶几、小方几组成。三人沙发搭脑呈卷云状，靠背板做成三屏风式，以透雕拐子纹框架相连。大部分框架雕刻竹节纹，清新秀雅，品位脱俗。靠背板弧度自然，以竹席底纹搭配梅、兰、竹、菊、茶花、牡丹等纹样，显得清丽雅致。沙发座面下装罗锅枨和矮老，枨上镶绦环板，绦环板上以竹席底纹搭配梅、兰等植物。扶手呈波卷式，装饰竹节纹。单人沙发、茶几和小方几皆装饰竹节纹。整套家具清新自然，简洁明快，素雅大方。

2. CAD 图示

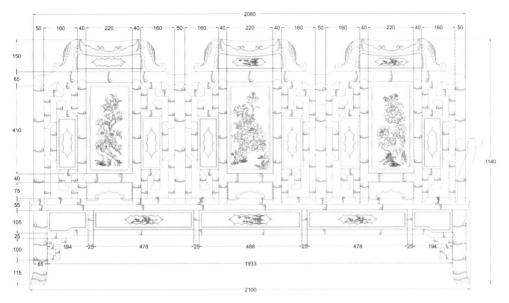

三人沙发—主视图

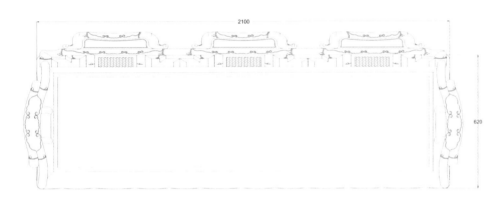

三人沙发—俯视图

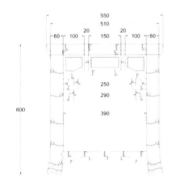

小方几 主视图

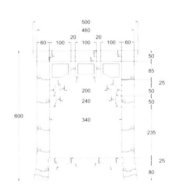

小方几 右视图

CAD 结构图（图示 2～5）

注：俯视结构简单，故省略俯视图，左同。

大成

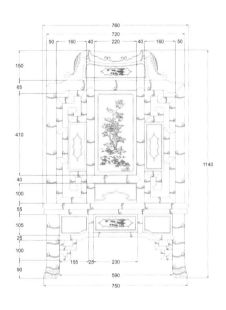

单人沙发－主视图

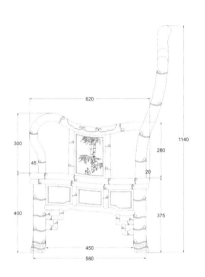

单人沙发－右视图

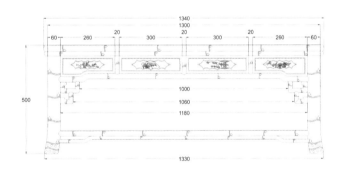

茶几－主视图

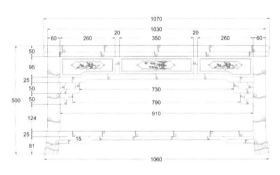

茶几－左视图

CAD 结构图（图示 6 ～ 9）

3. 用材效果

外观效果图（材质：黄花梨；图示10）

外观效果图（材质：紫檀；图示11）

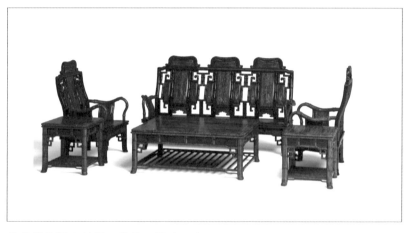

外观效果图（材质：酸枝；图示12）

4. 结构解析

大成

搭脑

靠背板

扶手

亮脚

绦环板

角牙

整体结构图（图示 13）

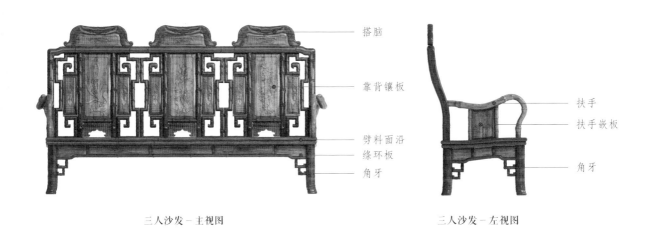

搭脑

靠背镶板

劈料面沿
绦环板
角牙

扶手
扶手嵌板

角牙

三人沙发－主视图

三人沙发－左视图

靠背

面心

边框

三人沙发－俯视图

三视结构图（图示 14～16）

—— 搭脑

—— 靠背

—— 扶手

—— 亮脚

—— 劈料面沿

—— 角牙

整体结构图（图示17）

现

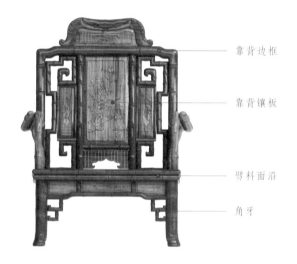

—— 靠背边框

—— 靠背镶板

—— 劈料面沿

—— 角牙

单人沙发—主视图

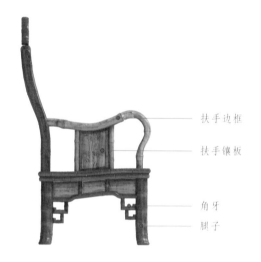

—— 扶手边框

—— 扶手镶板

—— 角牙

—— 腿子

单人沙发—左视图

—— 靠背

—— 面心

—— 边框

单人沙发—俯视图

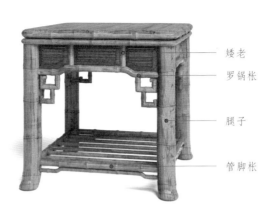

矮老

罗锅枨

腿子

管脚枨

整体结构图（图示 21）

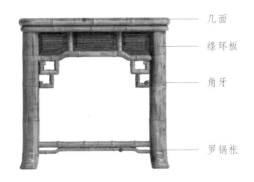

几面

绦环板

角牙

罗锅枨

小方几－主视图

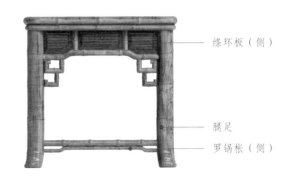

绦环板（侧）

腿足

罗锅枨（侧）

小方几－左视图

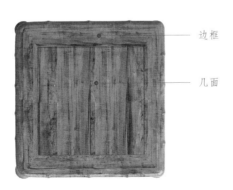

边框

几面

小方几－俯视图

三视结构图（图示 22 ～ 24）

劈料面沿

角牙

罗锅枨

整体结构图（图示 25）

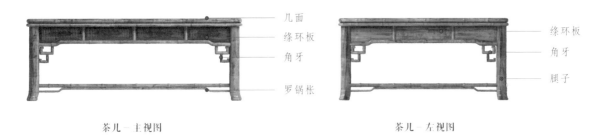

几面
绦环板
角牙
罗锅枨

茶几—主视图

绦环板
角牙
腿子

茶几—左视图

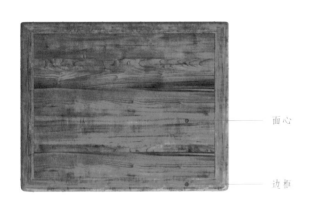

面心

边框

茶几　俯视图

三视结构图（图示 26 ~ 28）

5. 雕刻图版

※ 现代中式竹节纹沙发六件套雕刻技艺图

序号	名称	雕刻技艺图	应用部位
1	牡丹纹、菊花纹、茶花纹		靠背镶板（三人沙发）
2	梅纹、兰纹、竹纹、菊纹		靠背镶板（单人沙发）
3	竹叶纹		搭脑面框（沙发）
4	竹叶纹		下绦环板（沙发）
5	竹节纹		搭脑（沙发）
6	竹节纹		靠背镶板（沙发）

附录：图版索引

图版索引

图版索引

图版索引

图 版 索 引